RÉVÉLEZ L'ORATEUR QUI SOMMEILLE EN VOUS

Oubliez vos peurs et obtenez des résultats spectaculaires avec mes 50 secrets testés sur le terrain.

© Laurent Bally, 2023

Édition : BoD - Books on Demand, info@bod.fr
Impression : BoD - Books on Demand, In de Tarpen 42,
Norderstedt (Allemagne)

Textes : Laurent Bally
Conception graphique : Fanny Rouyer

Impression à la demande
ISBN : 978-2-3225-1908-8
Dépôt légal : Décembre 2023

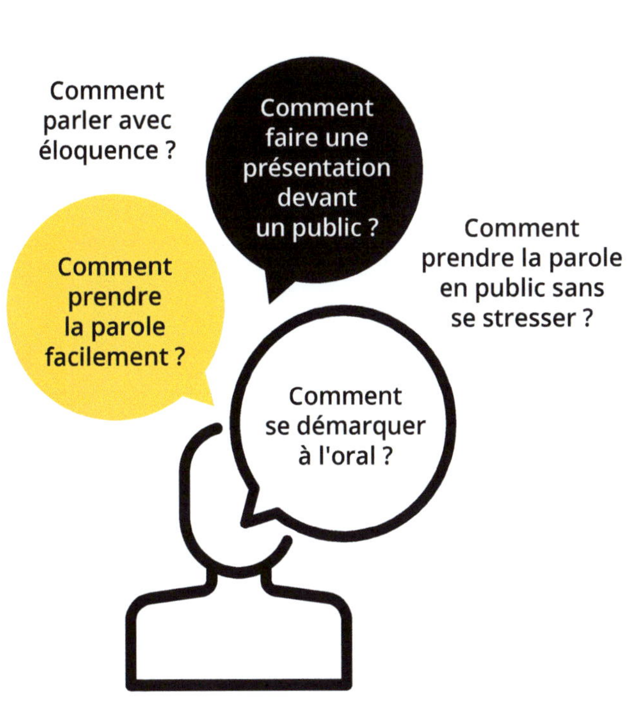

Comment parler avec éloquence ?
Comment faire une présentation devant un public ?
Comment prendre la parole facilement ?
Comment prendre la parole en public sans se stresser ?
Comment se démarquer à l'oral ?

Introduction

Synthèse de cette section

LE FIL CONDUCTEUR D'UNE PRÉSENTATION

Synthèse de cette section

INTRO

Introduction

La prise de parole. Cette simple phrase peut mettre rapidement mal à l'aise de nombreuses personnes. Cela peut être générateur de stress, d'angoisses ou de nombreuses réflexions et remises en question.

Il n'est pas rare de voir une personne, lors de sa prise de parole, être dans un état de stress tel qu'elle en vient à bafouiller, à avoir les mains moites, à développer des "tocs" tels que se tenir les mains ou se balancer de droite à gauche. À cela, nous pouvons rajouter le raclement de gorge, des tremblements de jambes et le croisement des bras. Je ne parle ici que de signes extérieurs, je n'évoque pas les nombreuses questions que l'on se pose dans ces moments, les remises en doutes, les fameux "pourquoi j'ai dis cette phrase ?", les "je suis trop timide pour cela" ou encore l'envie d'en finir au plus vite.

Vous vous reconnaissez dans cette description ? Rassurez-vous, vous êtes tout à fait normal et vous n'êtes pas un cas unique !

Dans un contexte professionnel, nous sommes tous amenés à un moment ou à un autre à prendre la parole pour présenter et convaincre un interlocuteur ou un auditoire sur un sujet : vendre un produit, convaincre sur un concept ou une idée, se vendre soi-même, soutenir une thèse, passer un examen oral, animer une réunion, etc. Cela peut se transposer aussi dans un contexte personnel (faire un discours, exposer une idée, etc.).

Même pour les plus à l'aise d'entre vous, il y a un chemin à parcourir pour passer du "pas mal cette présentation" au "cette présentation s'est parfaitement passée" ; un gouffre si l'on regarde de l'extérieur.

On pense trop souvent, à tort, que les plus charismatiques sont toujours les premiers à réussir cet exercice.

Il n'en est rien ! Nous sommes tous de super orateurs en herbe ! Pour atteindre l'excellence, il vous faudra tout de même vous doter d'une méthodologie et d'un état d'esprit qui vous feront devenir un réel communicant.

À travers cet ouvrage, je vais vous donner les clés de la réussite de votre prise de parole. À noter que les conseils que je recense ici sont plutôt orientés sur le monde professionnel, mais ils peuvent également vous aider dans votre vie personnelle.

Trois principaux axes, que nous allons développer ensemble, vous doteront de ces capacités de communication :

> Les qualités humaines
> Les techniques de présentation
> La gestion du déroulé de la présentation

En utilisant ces clés, votre quotidien va radicalement changer : vous allez enfin avoir le contrôle sur vos prises de paroles au lieu de les subir. Vous ne serez plus regardé comme une personne timorée ou peu sûre d'elle, vous allez asseoir votre discours et assumer pleinement votre prise de parole.

Il n'est pas nécessaire de suivre à la lettre tous les points évoqués dans cet ouvrage ; je vous conseille plutôt de capitaliser sur les suggestions avec lesquelles vous serez le plus à l'aise pour performer. **N'oubliez pas de rester vous-même avant tout !**

Pour votre prochaine présentation, vous pourrez vous demander : **Comment être sûr que le message puisse bien passer ? Quels outils utiliser pour ma présentation ? Comment me comporter vis-à-vis de mes interlocuteurs ?**

Dans chaque chapitre, vous trouverez une série de conseils à appliquer dès à présent dans votre vie de tous les jours, illustrés par des cas concrets pour matérialiser chacun de ces concepts.

Vous pourrez ainsi mettre en application chacun de ces conseils dès le lendemain de votre lecture pour assurer votre réussite… **Effet garanti !**

Bonne lecture !

» LES QUALITÉS HUMAINES À AVOIR «

Réaliser une présentation, c'est avant tout se mettre au service d'une cause. Si votre interlocuteur vous apprécie, il appréciera également votre prestation et son contenu. Qui n'a jamais eu affaire au cliché du commercial, sûr de lui, qui débite tous ses arguments les uns à la suite des autres sans prêter attention à vous ? Avec un œil averti, dès les premières secondes de cette discussion, vous savez exactement comment celle-ci va se dérouler et vous en connaissez donc l'issue.

Pour exceller dans l'art de la présentation, il faut avant tout se connaître soi-même et se mettre au service de la discussion, de l'échange. Si vous ne les maîtrisez pas déjà, je vous encourage à capitaliser sur les points listés ci-dessous, ils vous seront d'une grande utilité pour vous mettre en confiance.

#1 : Être soi-même

C'est la règle d'or ! Ne jouez pas un rôle, vous serez tout de suite démasqué ! Le dicton "il vaut mieux être une bonne version de soi-même qu'une mauvaise version de quelqu'un d'autre" est tout à fait exact !

La famille et les amis qui vous entourent vous aiment pour ce que vous êtes. Pourquoi pas les autres ? Ne changez jamais votre personnalité : si vous êtes timide, n'allez pas dans l'inconfort de l'extraversion, si vous êtes d'humeur joyeuse, gardez-la !

Pour ma part, j'ai un naturel plutôt blagueur. Je teste toujours lors d'une présentation la réceptivité de mon auditoire à mes notes d'humour et ce afin de me mettre dans les meilleures dispositions. Bien évidemment, le niveau d'humour est toujours à jauger selon l'auditoire afin de ne pas tomber dans la lourdeur. Toutefois, ces instants de rires ont pour avantage de me mettre dans les meilleures dispositions ainsi que de partager un moment de détente avec mon auditoire.

Si vous êtes à l'aise, la présentation sera fluide !

N'oubliez pas que la communication verbale ne représente qu'une infime partie de l'échange. Votre discours doit être en corrélation avec votre langage corporel, celui que vous avez naturellement.

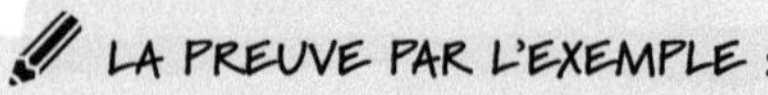

LA PREUVE PAR L'EXEMPLE :

Tom est d'un naturel timide et emprunté. Dans le cadre d'un entretien d'embauche, Tom ne va pas avoir l'attitude d'une personne exubérante et ne doit en aucun cas essayer de le paraître, car son interlocuteur le remarquerait de suite. Tom doit ainsi respecter sa personnalité et jouer avec sa timidité, qui est un aspect de sa personne qui pourrait potentiellement séduire le recruteur. Tom va par conséquent axer son discours sur les points essentiels, sans broder autour.

#2 : Être à l'écoute

Au cours d'une présentation, vous êtes certes au cœur du débat, mais n'oubliez pas que vous le faites pour convaincre d'autres personnes soit pour votre contenu, soit pour faire pencher la décision en votre faveur. Toutes leurs réactions, quelles qu'elles soient, vous donneront une indication. Et comme évoqué précédemment, la communication n'est pas toujours verbale.

Un interlocuteur réceptif va par exemple s'approcher naturellement de vous tout en vous regardant franchement, tandis qu'une personne qui se sent exclue ou qui se referme va croiser ses bras et fuir votre regard.

Les objections sont également des indices. Ne vous faites pas avoir par le côté "désagréable" de celles-ci car, au contraire, il s'agit souvent d'une marque d'intérêt extrêmement positive sur votre présentation.

Qui souhaiterait faire durer une présentation qui ne l'intéresse pas du tout ?

Quoi qu'il en soit, soyez vigilant à chaque signal que vous pouvez capter et interprétez-le afin d'adapter continuellement votre présentation à votre auditoire.

Amélie présente à un de ses clients un nouveau logiciel de gestion de planning créé par sa société. Au cours de la présentation de l'une des fonctions principales de l'outil, son client lui objecte : "Votre logiciel ne peut pas me permettre d'imprimer sur papier un planning ?". Ce qu'Amélie doit retenir de cette objection, c'est le besoin pour son interlocuteur de consulter les plannings de ses équipes, pas le côté papier lié à leurs habitudes ; elle doit donc creuser cet aspect avec son client en rebondissant sur son objection et prouver que ses habitudes ne vont non seulement pas changer, mais vont au contraire s'améliorer grâce à la digitalisation.

#3 : Utiliser des mots positifs

Cela paraît simple comme conseil, mais je place cette règle dans le top des habitudes à prendre lors d'une présentation. Le langage français est, par tradition, rempli de tournures de phrases à consonances négatives : "une petite fonctionnalité", "plutôt intéressant", "mais on sait faire plein de choses".

L'oreille de votre interlocuteur va capter les signaux faibles envoyés au cours d'une conversation. Si vous indiquez tout au long d'une présentation d'une voiture que celle-ci possède plein de petites fonctions, la personne en face de vous ne fera jamais ressortir ce modèle du lot des voitures consultées. Ce sera au mieux une bonne petite voiture.

Or, si vous transformez ces signaux négatifs en signaux positifs, vous allez constater des changements radicaux dans vos échanges. La différence est garantie, vous allez devenir une machine de guerre ! Si vous regardez des pitchs de présentation de grands orateurs, comme Steve Jobs par exemple, amusez-vous à compter le nombre de fois où des mots comme "**super**" ou "**génial**" sont utilisés.

Placez donc dans vos conversations des mots comme "grand", "super", "top", "parfait", "génial" ou encore "extraordinaire" ou "incroyable". Ne vous laissez pas avoir par votre esprit qui pourrait vous faire croire que vous surjouez.

Placez ces mots à des moments clés de votre présentation, pour mettre en avant les points forts, vous changerez radicalement la perception par vos interlocuteurs !

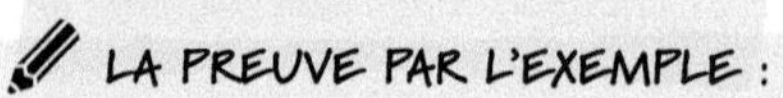

LA PREUVE PAR L'EXEMPLE :

Pascal réalise la présentation d'un nouveau smartphone. Afin de le rendre dynamique et faire adhérer à ce produit, Pascal introduit son discours par ces quelques mots : "Mesdames et Messieurs, aujourd'hui est un jour spécial pour nous tous. Vous allez découvrir un bijou de technologie, un nouveau smartphone totalement incroyable. Avec un grand écran tactile hyper intuitif, un appareil photo avec une résolution à couper le souffle et une super autonomie, il révolutionnera votre quotidien". On a tout de suite envie d'en savoir davantage !

4 : Ne jamais mentir

Un conseil plein de bon sens. Il paraît aisé, dans certaines situations où l'on est mal à l'aise, de glisser un petit mensonge (ou une non vérité) pour en sortir.

Par ce biais, on pense souvent que, de toute manière, notre interlocuteur ne s'en rappellera probablement pas... **Attention, car cette prise de risque est énorme !** Mentir vous expose à des conséquences plus où moins importantes :

> Si votre interlocuteur maîtrise le sujet, votre mensonge va décrédibiliser l'intégralité de votre discours. Vous aurez beau avoir les meilleurs arguments du monde, on ne vous croira pas.

> Votre posture non verbale a trahi votre esprit. Un œil légèrement aguerri peut remarquer un mensonge à des kilomètres à la ronde !

> Vous allez garder à l'esprit ce mensonge que vous avez glissé inopinément et qui va plomber le reste de votre présentation. Un malaise peut s'instaurer dans le dialogue et perturber la fin de votre discours.

> Si votre interlocuteur prend des notes, comme c'est souvent le cas, vous pouvez vous retrouver confronté à votre mensonge après cette présentation. Dans ce cas, l'effet boomerang agira immédiatement : **un petit mensonge en présentation devient une énorme erreur avec le temps.**

Les conséquences financières peuvent-être désastreuses : certes vous gagnez peut-être de l'argent à l'instant T lorsque le client vous passe commande mais derrière, lorsqu'il faut gérer un cas de crise, l'entreprise va engager beaucoup de temps et/ou d'argent pour faire "accepter" la situation par le client, s'il ne résilie pas son engagement entre-temps. Bien évidemment, ne comptez plus sur ce client pour refaire affaire avec vous à l'avenir.

Soyez francs, cela vous servira bien plus qu'un petit mensonge par-ci, par-là ! J'inclus dans cette thématique les non vérités, c'est-à-dire des éléments de vérités que vous omettez délibérément de transmettre. Les conséquences seront les mêmes !

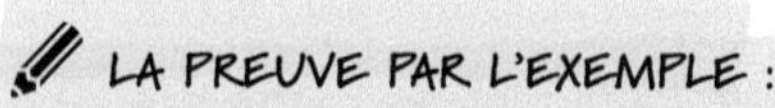

LA PREUVE PAR L'EXEMPLE :

Lucas réalise une démonstration d'un logiciel de gestion de facturation. Lorsque son client lui demande s'il peut changer la mise en page des factures éditées, Lucas répond positivement alors que son logiciel ne le fait pas. Son client note ce point sur son compte-rendu qu'il diffuse en interne et achète le logiciel. Lors de la mise en place, le client demande naturellement la person-nalisation de ses éditions et, stupeur, on lui répond que cela n'est pas possible. Dans ce cas, l'entreprise de Lucas va avoir à gérer un projet à risque qui ne l'aurait pas été si Lucas avait donné la bonne information dès le départ.

#5 : Se mettre au niveau de son interlocuteur

Ne vous méprenez pas sur cette thématique, la mise à niveau est un point important dans la relation que vous avez avec vos interlocuteurs. Afin de ne pas brusquer ou bousculer une personne par un compor-tement ou une démarche opposée à son mode de fonctionnement, le meilleur parti est de s'adapter à son interlocuteur.

Lorsque vous découvrez un nouveau pays, avec une culture différente de la vôtre et des us et coutumes que vous ne maîtrisez pas, vous n'allez pas vous aventurer à faire la bise à tout le monde ou encore taper sur l'épaule suite à une bonne blague. Ceci heurterait fortement dans certaines cultures, voire serait pris comme des signes d'agression.

Dans un dialogue, le même principe s'applique. Si vos interlocuteurs ont tous une voix douce et un rythme de parole lent, il faut vous adapter sans pour autant tomber dans la caricature. Voir que vous vous adaptez à eux va prédisposer votre assemblée et susciter un intérêt particulier à votre présentation.

Observez bien dès les premières minutes et adaptez-vous en continu. En adaptant votre comportement à votre auditoire, vous créerez peu à peu une osmose de l'assemblée et favoriserez ainsi l'interaction. Soyez le caméléon de la présentation !

Cette mise à niveau vous offrira un référentiel commun. Vous passerez d'autant mieux que vous parlerez le même langage et utiliserez le même jargon.

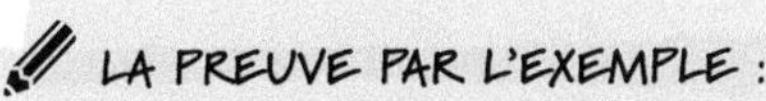

LA PREUVE PAR L'EXEMPLE :

Myriam présente son association à un jury d'attribution de bourse. Alors qu'elle prend la parole d'une voix forte et décidée, son interlocuteur la questionne sur le but de l'association, qu'il n'a pas cerné, avec une voix douce et peu audible. Myriam reprend la parole en diminuant le ton de sa voix suffisamment pour montrer à son interlocuteur son écoute et son empathie. La réponse apportée ne sera que mieux accueillie par le membre du jury !

#6 : Accepter les silences

Le silence est d'or. Il peut sembler long aussi. Parfois très long. Parfois trop long. Il met mal à l'aise, surtout quand on est l'orateur. Pourtant, utilisé à bon escient, il ponctuera votre discours et servira vos arguments. Il va aussi vous permettre de donner du rythme à votre présentation et vous aider à tenir la distance !

Revenons en premier lieu sur la ponctuation du discours. Vous allez, au cours de votre argumentaire, prévoir des points clés, des arguments massue, des preuves irréfutables. Pour amener ces éléments, vous devez souvent les précéder d'un discours, expliquant la logique, le raisonnement. Lorsque vous arrivez à ce point culminant, laissez le silence œuvrer et valoriser ce moment charnière. Un beau et long silence. Cela permet de prendre la mesure de ce qui vient d'être dit, tout en indiquant que ce que vous venez de dire est important.

En ce qui concerne le rythme, vous pouvez jouer avec des moments d'intensité et des moments plus aériens. L'intensité par des longs discours, avec un rythme soutenu puis, la légèreté, avec des pauses. Le silence tempère un discours. Il permet d'attirer à nouveau l'attention. Ces pauses permettent également de reprendre votre souffle, de préparer la phrase suivante.

Les silences sont également efficaces face à une question. Ne vous précipitez surtout pas pour apporter une bribe de réponse. Mûrissez avec un silence vos éléments de réponse avant de vous lancer, vous gagnerez en clarté et éviterez les tics de langages désagréables que sont les "euhhhhhhhhh...".

Je vous encourage à regarder quelques vidéos de discours les plus célèbres, vous verrez que tous utilisent le silence. C'est un des éléments qui caractérise une personne charismatique. Amusez-vous à vous taire, au bon moment bien sûr !

✏ LA PREUVE PAR L'EXEMPLE :

Loïc effectue un discours à l'inauguration d'un établissement culturel. Dès le début de son discours, il se sert de silences pour capter son audience : "L'art. -silence- Le symbole de la pensée créative humaine qui émerveille les uns, offusque les autres, mais ne laisse jamais insensible. -silence-". En ces quelques mots, son auditoire est, à coup sûr, attentif au discours.

#7 : Gérer sa respiration

Prenez le temps de respirer ! Le premier bénéfice d'une respiration douce et lente est de ralentir votre rythme cardiaque, donc de vous déstresser. Il est bon lors de la prise de parole d'être à l'aise pour éviter de parler trop vite, de bégayer ou encore de perdre vos moyens à la moindre contrariété.

Pour vous préparer, vous pouvez utiliser quelques exercices simples, à pratiquer au quotidien : inspirez par le nez et expirez par la bouche, cela aidera à trouver un équilibre. L'inspiration ne doit pas être réalisée par le torse, mais bien ventrale. Votre abdomen doit se gonfler à chacune de vos prises d'air. En utilisant cette méthode de respiration, vous allez utiliser votre diaphragme pour gonfler des poumons et rendre votre prise d'air plus efficace.

Avec ce plein d'air, vous pourrez non seulement entamer des phrases longues à la Prévert tout en développant également une capacité à maîtriser le niveau sonore au-dessus de la moyenne. Vous pourrez ainsi facilement monter le niveau de votre voix ou le descendre jusqu'à chuchoter.

En somme, respiration maîtrisée égale stress repoussé et débit cadré !

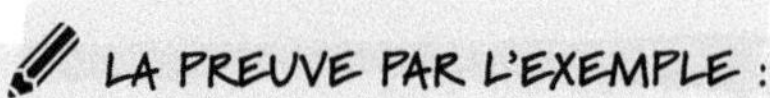

LA PREUVE PAR L'EXEMPLE :

Grégoire va présenter à un comité d'investisseurs son projet d'entreprise pour la première fois. Son stress est énorme et, lors de ses ultimes répétitions, il parlait beaucoup trop vite. En pratiquant les exercices de respiration indiqués ci-dessus, Grégoire va faire redescendre sa pulsation cardiaque et avoir les poumons pleins pour parler posément.

#8 : Moduler sa tonalité de voix

Qui n'a jamais participé à une présentation avec un orateur monotone, qui parle d'un ton morne, sans émotion dans la voix ? Le temps est particulièrement long dans ces moments-là...

Une présentation doit vivre pour que vos interlocuteurs ne se lassent pas de votre discours. Parlez comme si vous racontiez une histoire : variez les intensités de voix, le débit de votre parole et ponctuez bien vos phrases. C'est tout de même mieux si l'on vous écoute, non ?

Ces tonalités sont vues durant nos premières années de scolarité mais nous avons tendance à bien vite les oublier : monter un peu sa voix dans les aigus en début de phrase, descendre dans les graves lorsqu'elle est finie, respirer après une virgule, monter dans les aigus lorsqu'on termine de poser une question, épeler les mots complexes, etc.

Ces basiques de langage sont malheureusement oubliés au profit de la richesse du contenu. Or, présenter un sujet, c'est raconter une histoire, votre histoire. Si vous mettez ces variations de voix au service de votre contenu, vous pourrez le valoriser. Mettre une pause après une idée, marquer la fin des phrases, bien indiquer vos questions seront autant d'atouts dans votre poche.

Osez la variation de ton et réveillez votre auditoire !

✏️ LA PREUVE PAR L'EXEMPLE :

Anaëlle est professeure d'université. Lors de ses cours magistraux en amphithéâtre, son ton monotone et morne n'encourage pas les élèves à l'assiduité, ni à l'écoute. En modifiant son approche, elle a décidé de présenter de manière ludique son programme : à base de variations de voix et de mots clairs, tout en ayant la volonté à chaque cours de raconter une histoire, Anaëlle va susciter plus d'intérêt de la part de ses étudiants et donc améliorer sa qualité pédagogique.

#9 : Toujours sourire

Sourire, c'est tout d'abord se rendre aimable. On ne peut pas détester quelqu'un qui sourit, même bêtement. Comme pour toutes les recommandations, il ne faut pas non plus l'exercer à l'excès.

Sourire à vos vis-à-vis crée un climat de confiance. On sourit car on est confortable dans l'échange, car on écoute et on prête attention à autrui. Le sourire donne également à votre voix une nuance que vous ne décelez pas à l'oreille, mais qui est pourtant perçue. Un bon moyen de s'en rendre compte consiste à passer un appel téléphonique : si vous récitez un discours sans sourire et le même avec le sourire, je suis prêt à parier que votre interlocuteur saura immédiatement vous dire dans laquelle des deux conversations vous avez souri.

L'association positive entre le sourire et votre discours vous rendra plus agréable et disposera donc votre auditoire à mieux entendre et percevoir le contenu de votre présentation. Il ressentira également votre empathie et votre bonne humeur, ce qui le mettra également à l'aise dans l'échange.

Dernier point sur le sourire : vous n'êtes jamais aussi beau que lorsque vous souriez ! Mettez tous vos atouts de votre côté !

🖊 LA PREUVE PAR L'EXEMPLE :

Théodore travaille dans un centre d'appel qui propose des solutions d'assurances pour entreprises. Lors de chacun de ses appels, Théodore sourit dans son combiné, afin que ses interlocuteurs - qui malheureusement ne le voient pas - puissent avoir confiance en lui. Avec un simple sourire, Théodore va naturellement avoir un meilleur taux de réussite et donc réduire les refus de conversations.

#10 : Impliquer tout le monde

Il n'est pas rare d'avoir une audience composée de plusieurs personnes. Souvent générateur de stress, la prise de parole en public se complexifie lorsque l'on doit faire face à un parterre d'auditeurs !

Prenons deux cas différents. Le premier cas concerne un public peu nombreux, où vous pouvez vous adresser potentiellement à chaque personne de l'assemblée. Cela pourrait être le cas pour une présentation d'un produit auprès d'une autre société. Le second cas va concerner une assemblée importante où il vous sera impossible de vous adresser à chacun. Dans cette situation, nous serions par exemple dans le cadre d'une conférence lors d'un salon professionnel ou un séminaire.

Dans le cas où il vous serait possible de vous adresser à chacun des participants, il vous appartient (et à vous seul) de faire en sorte que chaque participant se sente partie prenante de la présentation. En effet, il serait trop facile de mettre sur le dos de l'assemblée sa "paresse" à participer et interagir. **Le vrai moteur de la présentation, c'est vous !**

Pour maximiser l'implication de chaque participant, il faut vous adresser individuellement à chaque personne, dans un contexte collectif. Si vous avez identifié les raisons de la participation de chacun à la présentation, donnez-leur ce qu'ils attendent : adressez-vous à eux quand la partie de présentation les concerne, faites-leur valider vos phrases ou encore demandez-leur s'ils ont des questions.

La distribution du temps de regard est également facteur d'implication : si vous regardez dans les yeux chacun des participants à tour de rôle, aléatoirement, vous pouvez être certain que personne n'osera piquer un roupillon ! Vous êtes au centre du débat, à vous de répartir équitablement votre contenu. Ne tombez pas dans le piège de vous adresser à la personne que vous pensez décisionnaire ; dans neuf cas sur dix, vous feriez fausse route.

Dans le cas où votre assemblée est nombreuse, vous devez tout de même faire en sorte d'impliquer chacun. Pas en vous adressant unitairement à chaque participant, mais à travers votre regard et votre discours.

Le regard doit balayer toute l'assemblée. À la fin de votre présentation, vous devriez avoir vu au moins une fois chaque participant. Autrement, c'est que vous n'avez pas assez distribué votre regard !

Le discours doit être adapté pour être plus individualisé. Aussi étonnant que cela puisse paraître, plus vous avez de monde, moins vous devez être généraliste. Il faut savoir embarquer, alors prenez des exemples concrets, parlez à votre audience comme si vous ne parliez qu'à une seule personne et jouez avec les émotions collectives (je pense notamment aux rires). Votre prise de parole sera d'autant plus convaincante !

✎ LA PREUVE PAR L'EXEMPLE :

Gabrielle présente une application de comptabilité à une entreprise qui a convié pour l'occasion tous les utilisateurs du service. Avec huit participants autour de la table, Gabrielle va interagir continuellement avec l'ensemble de l'équipe, via le regard et la parole. Albert, représentant d'une entreprise concurrente, vient à la suite effectuer la présentation de sa solution. Toutefois, Albert est persuadé que seul le responsable de service prendra la décision et axe son discours sur les besoins du responsable, tout en s'adressant quasi-exclusivement à lui. Ce qu'Albert a oublié, c'est que la conduite du changement s'effectue toujours en équipe pour que ce soit une réussite. À votre avis, quelle solution va privilégier l'équipe ?

#11 : Politesse et courtoisie

Cette règle est probablement la plus élémentaire, mais il est toujours bon de la rappeler. Il est évident que la courtoisie vous mènera toujours bien plus loin dans une relation humaine qu'un vocabulaire trop familier.

Être courtois est gage d'une personne soucieuse de sa relation aux autres, nécessaire dans un dialogue. Remercier, saluer, répondre poliment, utiliser des mots communs et pas de langage trop familier (comme par exemple le fameux "ouais") y compris si, en face de vous, vous ne trouvez pas le même écho. Soyez également bienveillants, assurez-vous que votre présentation soit correctement comprise et que tout le monde est à l'aise.

Ce qui fera le petit plus, ce sera le souci du détail dans vos tournures de phrases, notamment sur les mots de liaisons. De belles tournures font belle allure !

Ces détails, cumulés à une politesse et une bienveillance envers vos vis-à-vis vous donneront un côté sympathique non négligeable pour vous distinguer du lot ! Qui a dit que l'on ne prête qu'aux riches ?

🖊 LA PREUVE PAR L'EXEMPLE :

Gilles passe un entretien d'embauche pour un poste de comptable. Au-delà de sa salutation peu chaleureuse, Gilles répond par des "ouais", des "pfff" ou encore des "ben...". Gilles ne s'intéresse guère par ailleurs à l'établissement dans lequel il se présente. Il paraît ainsi peu probable que Gilles se retrouve demain derrière le bureau à pourvoir...

#12 : Se respecter

Il peut arriver que votre présentation ne se passe pas comme prévu. Les aléas font aussi partie des joies des orateurs, cela pimente le quotidien et donne des défis à relever.

Attention toutefois, car certaines limites ne doivent pas être franchies, aussi bien par vous, le respect de l'autre étant primordial dans une présentation, que par vos vis-à-vis. Ces lignes blanches, c'est vous qui les tracez.

En aucun cas, et je dis bien aucun, vous ne devez accepter un moment que vous considérez comme irrespectueux. Attention toutefois, soyez proportionné dans votre réaction : ne sautez pas à la gorge de l'autre si son tort est de ne pas avoir répondu à une de vos questions !

À contrario, assumez vos réactions. Par exemple, une remarque déplacée peut être signalée pour éviter tout dérapage, ou encore vous pouvez quitter la pièce si l'assemblée vous est trop hostile. En vous respectant, vous allez gagner en assurance et donc aborder sereinement vos présentations.

Soyez détendus, ces cas sont extrêmement rares. Pas besoin de préparer des répliques dans votre tête, soyez simple et mesuré. Fini de se faire marcher sur les pieds ! En plus, ça fait mal...

✎ LA PREUVE PAR L'EXEMPLE :

Amandine réalise une présentation d'un matériel industriel qui vient d'être doté de nouveautés. Elle présente celui-ci à l'un de ses clients qui n'est pas du tout satisfait du produit actuel. Au cours de l'entretien, Amandine se fait traiter d'escroc et de voleuse. Ne tolérant pas de remarques personnelles, Amandine met fin prématurément à la discussion et s'en va. Ce client n'aura d'autres choix que de s'excuser et de mesurer ses propos s'il souhaite reprendre une relation normale entre un fournisseur et son client.

#13 : Effectuer son autocritique

On progresse tous les jours. Cet adage s'applique tout d'abord à soi. Pour améliorer chacune de vos prises de paroles, prenez le temps d'analyser votre performance précédente.

Une analyse doit faire ressortir les points positifs et les axes d'améliorations. Je ne vais pas vous tenir le discours habituel qui vous indique de développer vos points faibles. Certainement pas : au mieux, vous serez moyen en tout.

Ce que je vous propose, c'est de parfaire vos points forts. Si vous êtes par exemple à l'aise avec la prise de parole, identifiez les moments où vous avez excellé dans cet exercice et les temps plus faibles. Comprenez les sources de réussite et de difficulté afin de systématiquement trouver les clés qui vous feront réussir.

Cet exemple se décline sur de nombreux volets : vous pouvez être doués pour comprendre les émotions des personnes en face de vous, pour prendre des notes efficacement, pour créer une ambiance chaleureuse et détendue, pour parler peu mais parler bien, pour avoir un bon esprit de synthèse, etc.

Finalement, c'est comme jouer aux cartes : si, à chaque pioche, vous pouviez choisir vos cartes, vous ne prendriez que des atouts !

Rassurez-vous, pas besoin de collectionner les points forts, un seul suffit pour le parfaire et en faire une arme redoutable !

Cet exercice d'analyse ne nécessite pas une profonde réflexion. D'ailleurs, on fait souvent son autocritique à chaud après une présentation : il s'agit de cette fameuse sensation d'avoir été bon ou non. Les analyses à chaud sont souvent justes (vous avez le bon ressenti mais pas assez de recul pour tout analyser), celles réalisées à froid sont souvent lucides (vous avez pris du recul et avez une vision plus posée de l'événement passé).

Revenez plus tard faire ce travail et votre perception de l'événement n'en sera que meilleure.

Ma méthode : analyser le lendemain de sa présentation et identifier ses deux points de réussite et deux points de difficultés. Ensuite, détectez les moments : ceux qui vous ont conduit au succès et ceux vers la difficulté. La distinction est fine, mais importante : on analyse d'abord sa prestation, puis ensuite les moments-clés du déroulé. Pour les prochaines présentations, foncez vers le succès et évitez les difficultés que vous connaissez !

✐ LA PREUVE PAR L'EXEMPLE :

Dans le cadre d'un séminaire professionnel sur l'alimentation, Alban tient un stand en tant que partenaire de l'événement. Très à l'aise dans le contact humain, avenant et prévenant, il entame un dialogue avec un prospect sur le stand de son entreprise. Au moment de parler de la composition de son produit, Alban bafouille et ne se souvient plus des arguments clés. Toutefois, il rebondit vite en présentant les bienfaits de son produit. Ce que Alban va pouvoir analyser, c'est qu'il doit absolument baser son argumentaire sur les bienfaits et ne pas se disperser en voulant donner trop d'arguments ; cela le rendra d'autant plus percutant !

#14 : Avoir un esprit de séduction

Eh oui, il y a dans toute présentation une volonté de séduire. Pas au sens sexué du terme, mais au sens intellectuel. Vous devez encourager votre interlocuteur à se laisser séduire par votre discours. Tout un programme !

Je vous rassure, vous n'aurez pas besoin de courir sur une plage avec un body rouge, les cheveux au vent, pour arriver à vos fins ! Être poli, courtois, souriant et aimable sera toutefois un bon début !

C'est surtout votre personnalité qui doit séduire. Restez naturel dans vos présentations tout en mettant à l'aise vos interlocuteurs, brillez par vos qualités humaines et par l'intellect de votre discours et vous aurez réalisé une grande partie du chemin.

Dans le cadre d'une mise en concurrence, ce qui fera une différence avec les autres présentations, c'est votre touche, votre "patte". Vous êtes au cœur de la présentation, vous incarnez votre discours ! Croyez en vous, croyez en votre discours et ayez en tête que votre but, c'est de séduire, non pas de déballer une liste de courses. En ayant cet objectif en tête, vous modifierez votre discours selon le ressenti de vos vis-à-vis et là, vous ferez la différence !

Un beau sourire ajoutera toujours un atout charme, plus humain celui-ci !

🖊 LA PREUVE PAR L'EXEMPLE :

Franck se présente à un casting. Il connaît bien son texte et le récite parfaitement dans la situation. S'il veut se démarquer des autres, Franck doit absolument séduire son auditoire. Tout d'abord lors de sa présentation personnelle, durant laquelle il va ressentir le pouls du jury, puis ensuite lors de sa phase de démonstration en captant les émotions de chacun. Il réussira s'il est capable de sentir le moment et de se fier à sa perception. Un beau regard et un grand sourire l'aideront sûrement !

Synthèse de cette section

En résumé, soyez vous-même.

De la simplicité servira plus votre cause que le refuge des arguments intellectuels. N'omettez jamais l'importance de l'interaction : vous devez considérer vos vis-à-vis, ressentir leurs émotions, les impliquer. En chef d'orchestre de votre discours, vous déroulez votre partition avec votre touche personnelle !

Je rappelle tout de même la règle d'or : du positif, du positif et encore du positif !

» LES QUALITÉS TECHNIQUES DE PRÉSENTATION «

Animer une présentation n'est pas une sinécure et, comme on aime à le dire, ça ne s'improvise pas ! Au-delà des qualités humaines, vous pouvez utiliser de nombreuses techniques qui, déployées à point nommé, vous aideront à faire mouche !

Attention toutefois : il ne faut pas mélanger sujet et présentation. On peut être passionné par un sujet mais rejeter la façon dont il est présenté. L'objectif ici est ainsi de rendre la présentation la plus efficace possible.

On peut naître charismatique, on peut aussi le devenir !

Dans ce chapitre, je recense toutes les techniques usuelles qui feront de vous une formidable arme de présentation massive. Certaines de ces techniques sont connues, d'autres me sont propres et ont été expérimentées sur le terrain. Autant utiliser ce qui marche, n'est-ce pas ?

#15 : Préparer sa présentation

Cette étape est importante pour la construction et la structuration de votre argumentaire. Une présentation maîtrisée en amont aura moins de chance de vous échapper.

La maîtrise de l'ensemble des éléments abordés vous permettra de décider l'ordre des points clés. Vous aurez toujours des arguments à mettre en valeur, donc travaillez l'ordre de présentation pour faire monter en puissance l'argumentation jusqu'à arriver au coup de massue ! Vous pouvez et devez donner le rythme de la présentation !

En complément, il vous est nécessaire de garder la main sur l'ensemble de votre prise de parole. La préparation n'inclut pas seulement le contenu abordé mais aussi tous les à-côtés : préparez les questions que l'on pourrait vous poser, les différences avec vos concurrents ou encore creusez les points faibles de votre argumentaire. Il suffit d'une question où vous hésiterez pour instaurer le doute sur l'intégralité d'une présentation !

Soyez scolaires, potassez tout d'abord l'ordre de vos arguments, puis ensuite le contenu de chaque partie pour enfin terminer sur les à-côtés.

Et surtout, répétez encore et encore !

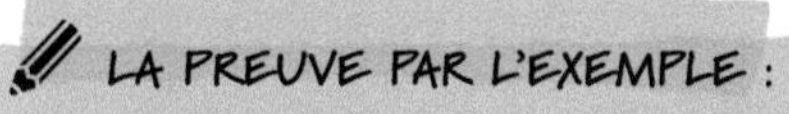

LA PREUVE PAR L'EXEMPLE :

Laetitia présente le résultat d'une étude de marché menée dans le cadre de son travail. Si Laetitia présente directement tous les résultats sans les articuler les uns avec les autres, la valeur de sa présentation ne sera pas à la hauteur de celle de son travail fourni. Ainsi, Laetitia a préparé un plan de présentation, avec sa structure et ses points clés. En organisant ses éléments et sa méthodologie d'étude, elle se prémunit de toutes les questions incongrues qui pourraient naître d'une difficulté de compréhension d'un exposé "désarticulé".

#16 : Raconter une histoire

Je classe également ce conseil comme l'une des règles d'or des présentations : vous devez absolument raconter une histoire et non pas seulement animer un débat.

Déballer des arguments les uns à la suite des autres, même avec une suite logique, ne suffit pas à rendre votre discours inoubliable. Comment faire alors pour rester dans les mémoires ? **Scénarisez vos présentations, pardi !**

Prenons l'exemple d'une démonstration pour une application informatique. Si vous présentez les fonctionnalités les unes à la suite des autres, on peut trouver votre application fonctionnelle et opérationnelle tout au mieux. Pour se transposer dans l'utilisation et s'imaginer utiliser la solution, c'est une autre histoire. Et justement, cette histoire, c'est à vous de la raconter ! Toujours dans cet exemple, il conviendrait de présenter le logiciel en prenant un cas concret d'utilisation. Utilisez une entreprise ou une personne fictive qui présente des caractéristiques similaires à l'auditoire que vous souhaitez convaincre. Un scénario qui aborde les fonctions dans un ordre logique d'utilisation, avec des résultats pratiques à la clé, va à coup sûr faciliter la projection et donc améliorer votre force de conviction !

Si vous présentez audacieusement chacune de vos interventions en racontant une histoire (votre cheminement de pensée dans le cadre d'une soutenance de thèse, le cheminement de l'histoire dans le cadre d'un exposé, une expérience humaine dans le cadre d'un projet social ou encore une expérience personnelle qui illustre une situation), votre auditoire ne sera que captivé et embarqué par vos propos.

J'ai usé de cette technique pour de nombreuses présentations et, vous le découvrirez par vous même, elle se révèle particulièrement efficace aussi bien pour des présentations à enjeux que pour vos débats entre amis !

Léon anime un séminaire sur la place de l'écologie dans la société. En prenant la parole, il exprime une expérience personnelle : comment il en est venu à soutenir une cause comme l'écologie en voyant la destruction engendrée par la pollution sur l'habitat de son enfance. Cette assimilation entre une cause et une expérience de vie est une formidable accroche pour adhérer au discours qui va suivre.

#17 : Oser l'interactivité

Assister à une présentation, ce n'est pas regarder la télévision ! Évitez les longs et fastidieux monologues. Vous avez une assemblée, faites-la participer !

Au point #10, nous avons vu qu'il était important d'impliquer tout le monde, notamment par le regard. Ici, nous allons un cran plus loin et faisons entrer les participants dans le contenu de votre présentation.

Peu importe la taille de votre auditoire et le format de votre présentation, vous pouvez toujours trouver un moment pour créer de l'interactivité : poser une question, faire un vote à main levée, demander une définition, demander à actionner un objet, etc.

Le but de cette interaction est de créer du lien avec votre auditoire afin qu'il se sente partie prenante de votre discours. Cela améliore la projection et l'association. Quoi de mieux qu'un argumentaire qui me concerne pour me sentir engagé ? **Alors foncez, interpellez vos auditeurs ! Demandez leur avis, interrogez-les, faites des sondages ! Vous êtes l'animateur de votre présentation et, comme au théâtre, on préfère une pièce où l'on s'est amusé qu'une pièce terne...**

L'interactivité est également un bon point de passage pour rappeler à vous un auditoire quelque peu diffus ou éteint. En interagissant régulièrement, vos vis-à-vis n'oseront probablement pas décrocher de peur d'être confondus par leur absence. Ne leur laissez pas l'occasion de perdre une miette de votre présentation !

N'oublions pas que, mécaniquement, le cerveau est fait pour mieux retenir les informations pour lesquelles on a activement participé. **Doublez vos concurrents et restez le premier dans les esprits !**

Ariane représente une agence de communication qui présente son projet à un client et pour lequel elle est en concurrence avec d'autres agences. Afin de se démarquer, Ariane n'hésite pas à impliquer son auditoire en réalisant des votes à mains levées et toute une série de questions qui ont pour objectif de mener son auditoire vers ses conclusions. Si vous arrivez à guider le ballon dans le but, vous marquez un point !

#18 : Projeter l'utilisateur dans l'utilisation du produit

Cette section concerne plutôt les déclinaisons professionnelles des démonstrations de produits, bien que vous puissiez vous en servir dans votre vie de tous les jours (pour vendre des objets à une brocante, convaincre lors d'un débat, etc.).

La projection vers la solution ou le produit est indispensable pour concrétiser une transaction. Et je pèse mes mots ! Vous n'achèteriez pas une maison sans l'avoir visitée ? Pareil pour votre offre produit !

À vous de jouer lors de votre démonstration pour emmener votre auditoire à s'imaginer dans l'utilisation de vos produits. Prenez bien soin de faire monter en régime cette projection, en analysant et questionnant au préalable le mode de fonctionnement de votre auditoire. Basez-vous sur cette trame pour embarquer avec vous les futurs utilisateurs. Souvent, quelques points clés suffisent à convaincre du moment qu'ils parlent à l'utilisateur.

Attention, ne tombez pas dans le cliché du "vôtre", comme par exemple cette célèbre formule de l'agent immobilier : "Bienvenue chez vous". Forcer la projection ne vous emmènera nulle part ; pire, elle peut vous mettre à l'écart.

Ne forcez pas le destin, prenez le temps d'embarquer vos interlocuteurs avec vous en maîtrisant parfaitement les points clés de la présentation. Si vous savez où vous allez, la route sera parcourue plus vite que si vous cherchez votre chemin !

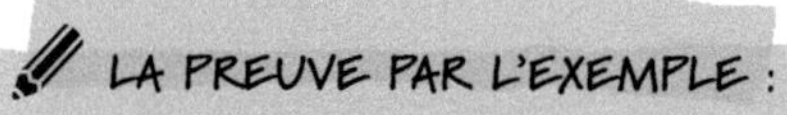

Alain, agent immobilier, propose la visite d'une maison à un potentiel acheteur. Sur la base de critères qu'il a récoltés, Alain lui suggère les aménagements du bien qui correspondent à ses attentes : casser un mur pour avoir une cuisine ouverte, réaménager une pièce pour la transformer en chambre, installer des rangements ou encore installer un atelier dans un garage. Tous ces points, qui peuvent être illustrés avec des plans ou images de synthèses, vont beaucoup aider le client d'Alain à se projeter dans le bien, bien plus qu'en lui indiquant que c'est celui qui s'approche le plus de ses critères et qu'il doit imaginer quelques travaux !

#19 : Identifier les douleurs et appuyer dessus

Cette technique, si vous la maîtrisez, est absolument redoutable ! Rien ne sert de s'époumoner à chanter les louanges de votre offre si cela ne touche pas celui d'en face. À quoi bon faire le grand déballage si cela n'aboutit qu'une fois sur mille ?

Gardez votre souffle pour quelque chose d'utile : découvrir les douleurs ! Je ne parle pas de douleurs physiques comme des articulations douloureuses (ceci étant dit, tout dépend de ce que vous avez à offrir…) mais de points sur lesquels vos interlocuteurs ont de réelles difficultés et qui les pénalisent le plus dans leur quotidien.

Vous aurez probablement du mal à trouver les causes profondes de douleurs, celles qui feront mouche et il vous faudra beaucoup creuser pour arriver à ce trésor ! Je vous recommande de multiplier les échanges avant le début de la présentation, si possible, afin de permettre de mûrir entre chaque contact client les éléments recueillis dans l'entretien précédent. Collectez-les idéalement auprès de différentes personnes de votre organisation (comme par exemple un commercial aidé par un consultant fonctionnel). Si cela n'est pas possible, il convient de poser de nombreuses questions ouvertes au début puis, une fois la douleur identifiée, la valider par des questions fermées.

Dénichez surtout ce qu'ils attendent le plus d'un produit comme le vôtre. Une douleur est rarement clairement exprimée et passe souvent par des indices annexes. Si par exemple, pour la vente d'un matériel médical, le responsable d'un établissement met en avant des soucis techniques, on pourrait facilement penser que cet établissement recherche des produits fiables. Toutefois, en creusant, on peut se rendre compte que le plus important pour eux, c'est la réactivité de leur partenaire.

Une fois ces douleurs identifiées, vous n'aurez plus qu'à appuyer dessus et montrer en quoi vous proposez une réelle solution sur ce sujet. Simple, pragmatique et efficace !

Raphaëlle est responsable commerciale chez un fabricant d'articles de puériculture. Lors de son démarchage de commerces, elle rencontre un responsable de magasin qui accepte de la recevoir. Plutôt que de montrer sa gamme qui a déjà un équivalent concurrent dans le commerce, Raphaëlle questionne le gérant. Celui-ci lui indique qu'il est sensible au prix. En creusant sur ce point, Raphaëlle découvre cependant qu'actuellement, le rapport qualité-prix des produits de son interlocuteur n'est pas assez élevé et ses clients sont mécontents de ne pas avoir de produits de meilleure qualité. Ainsi, Raphaëlle va pouvoir positionner ses produits comme des milieux-hauts de gamme et apporter de la satisfaction à la fois au propriétaire et à la clientèle du commerce. Pas besoin de forcer sur la diversité de sa gamme ou de se battre sur les prix, Raphaëlle a su trouver sous quel angle attaquer son discours !

#20 : Décloisonner l'utilisation normale du produit, aller au-delà des usages normaux

Une présentation a beau être la plus préparée possible, il reste toujours un risque de débordement. Si vous vous rendez par exemple compte que votre prospect est prêt à faire le grand saut mais qu'il attend plus de vous, qu'allez-vous faire ?

Un des travers d'une présentation bien préparée (que je vous encourage tout de même à bien réaliser) est que l'on se focalise principalement sur un usage usuel du produit ou un axe de discours. Or, aucune vérité n'est unique ! Et si vous envisagiez d'autres alternatives ? Et si vous pensiez non pas comme étant le fournisseur, mais comme l'utilisateur ou l'auditeur ?

Sortez de votre tête ! Décloisonnez les usages ! Est-ce que l'on peut seulement s'asseoir sur une chaise ? Bien sûr que non ! Est-ce que l'on ne peut mettre que de l'eau dans un verre ? Non plus ! Alors n'hésitez pas, bouleversez les habitudes, vous ne le regretterez pas. Au contraire, vous allez vous ouvrir un champ de potentiel infini ! Peut-être découvrirez-vous alors qu'il vous est possible de conquérir de nouveaux marchés ou alors de pousser votre réflexion plus loin !

Il n'y a aucune limite à la réflexion. La normalité n'est qu'un concept que vous fixez. Soyez créatifs et, comme on le dit de l'autre côté de la Manche : "Think outside the box".

✏️ LA PREUVE PAR L'EXEMPLE :

Pierre est consultant formateur chez un éditeur de logiciels de gestion des ressources humaines. Au cours d'une présentation, son client lui demande s'il est possible de réaliser du suivi managérial avec cette application qui, à la base, n'est pas prévue pour. En travaillant bien avec son client les processus internes et les besoins d'informations, Pierre va mettre en place une méthodologie de transfert d'informations à destination des managers, en paramétrant des exports de données dans un outil statistique. Cela n'était pas prévu dans le standard, mais est possible avec un peu d'imagination !

#21 : Synthétiser

Dans une présentation, les idées peuvent-être foisonnantes et les arguments nombreux. Il ne faut pas vous noyer, ni vos interlocuteurs, sous une masse d'informations. Trop d'info tue l'info !

Pour bien marquer les points clés de votre présentation, n'hésitez pas à régulièrement synthétiser vos propos. Gardez en tête qu'un discours long nécessite forcément une synthèse à la fin. Certes, vous avez besoin d'un cheminement pour amener un concept ou une idée, mais mettez bien en avant l'idée finale. L'esprit de synthèse est important pour rester clair : je n'engloutis pas mon argument sous une tonne de verbiages, je le mets clairement en avant. Vous pouvez sur ce point vous faire aider par des supports de type diaporama : dans les slides, vous mettez naturellement les points importants de votre discours. Ainsi, si vous réalisez un exposé, vous pouvez synthétiser chaque partie présentée par les points clés vus dans chaque axe de votre démonstration.

Si je synthétise donc cette partie : une idée clairement exposée restera plus facilement en mémoire qu'un long discours.

Vous pouvez également synthétiser les besoins de vos vis-à-vis. Avant de vous lancer dans votre présentation et votre argumentaire, vous pouvez réaliser un rapide tour d'horizon des points clés à présenter, des points de douleurs identifiées. Cette synthèse vous confortera dans votre futur discours, mais également votre interlocuteur, qui appréciera votre écoute et l'attention que vous portez à ses besoins. De quoi vous rappeler vos années lycée avec le fameux "Thèse, antithèse, synthèse" !

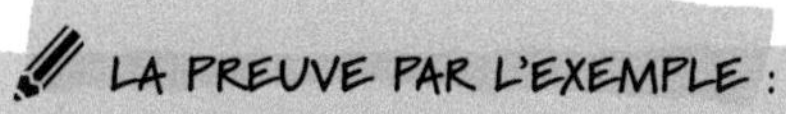

Laetitia réalise une soutenance de son travail de recherche mené sur un sujet scientifique. Son exposé démontre en plusieurs points comment elle est arrivée à sa conclusion et la démarche effectuée. Sur une présentation d'une heure, elle va mettre en avant les points clés à travers son discours et un support diaporama pour donner de la lisibilité sur son travail. À travers ces points de synthèse, les membres du jury qui assistent à cette soutenance peuvent bien identifier la logique empruntée par Laetitia et apprécier le travail mené.

#22 : Faire valider par des "oui"

Ce conseil, bien que filou, est important pour vous permettre de faire adhérer à votre discours. Le principe est simple : pas besoin de longues phrases d'accord de la part de vos vis-à-vis, un simple "oui" suffira mais en le faisant répéter de nombreuses fois.

Voyez chaque "oui" que vous arriverez à faire dire par vos interlocuteurs comme une petite goutte d'eau que vous allez ajouter dans un verre. Une seule goutte ne suffira pas toutefois, si vous en ajoutez de nombreuses, il finira par être bien rempli !

En faisant valider vos dires par ce simple mot, vous renforcez le positif de votre discours. Comment pourrais-je vous dire non si, pendant les deux heures de présentations, je n'ai fait que dire oui ? Le positif appelle le positif. Provoquez votre réussite en l'intégrant dans l'esprit des personnes en face de vous. Peut-être avez-vous été un jour face à un camelot ou un vendeur de rue qui a usé sur vous de cette tactique !

On pourrait dire que l'on force un peu le destin et que l'on joue sur le côté "bon samaritain" mais après tout, un oui, c'est mieux qu'un non, n'est-ce pas ?

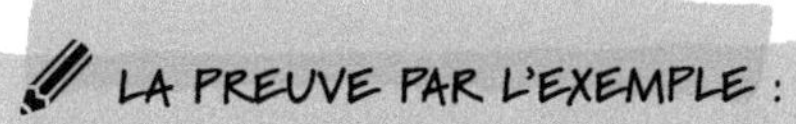

Jérôme effectue une présentation des qualités d'une voiture à un couple potentiel d'acheteurs. Au fur et à mesure qu'il présente les avantages du véhicule d'après les demandes du couple, il fait valider chaque point par des "oui". Par exemple : "Comme vous pouvez le constater, ce véhicule électrique est propre pour l'environnement. Cela respecte bien votre souhait, n'est-ce pas ?", ou encore "Je vous laisse apprécier le confort des sièges. Ils sont doux, n'est-ce pas ?", ou enfin "Écoutez le son de la radio. Clair et magnifique, vous êtes d'accord ?".

#23 : Ne pas toujours faire prendre en main vos produits

Prenez le temps de bien analyser vos produits. Certes, nous pouvons être fiers de montrer notre offre mais il n'est pas forcément bon de donner la main à vos clients potentiels. Bien évidemment, cela dépend du domaine dans lequel vous vous positionnez et de la complexité de votre produit.

Prenons deux exemples opposés. Le premier concerne un produit cosmétique. Il apparaît évident que le meilleur moyen de faire adhérer au produit passera par l'essai du client. Effectivement, nous sommes ici sur un produit simple à utiliser pour n'importe quelle personne et dont l'usage est connu. Un essai permet de mieux transposer les qualités du produit auprès des consommateurs.

Le second exemple concerne une application logicielle de comptabilité. Dans ce cas de figure, il ne vaut mieux pas laisser l'application entre les mains des potentiels clients. En effet, outre la nécessité de connaître la comptabilité, ce qui n'est pas accessible à tous, il faut en plus être formé au fonctionnement de votre application. Or, dispenser une formation avant de proposer un essai est contre-productif, aucun ne paierait une formation pour essayer un produit.

Ceci étant dit, vous pouvez mixer les deux : garder la main sur les points complexes en les faisant passer pour simples grâce à votre maîtrise puis donnez l'opportunité de manipuler les fonctions les plus simples et logiques ! Vous donnerez l'impression que tout est simple, ce qui est très positif !

Soyez donc clairvoyants sur vos démonstrations et, comme pour vos biens les plus précieux, vous ne les confiez pas au premier venu ! Passez la main avec mesure et seulement si votre offre s'y prête !

Linda présente lors d'un salon professionnel une application de gestion de facturation à un prospect. Certaines fonctions complexes sont maîtrisées par Linda qui, grâce à sa connaissance, est très à l'aise avec la solution et montre les performances de l'application. Linda passe la main à son audience sur la phase de finalisation d'une facture en prenant soin de guider le prospect, qui saisit une ligne avec un montant et imprime la facture. Parfaite répartition entre maîtrise individuelle et projection client !

#24 : Simplicité du discours

Le vocabulaire utilisé dans chacune de vos présentations va servir ou non votre cause. Certes, celui-ci doit être riche pour démontrer vos connaissances ; toutefois, il convient de ne pas se placer au-dessus de la mêlée non plus.

Je m'explique : sur les présentations, vous aurez souvent un aspect technique à présenter. Or, cette technicité n'est pas innée dans le savoir commun. Si vous foncez tête baissée sur les termes techniques ou votre jargon en les employant naturellement dans une conversation, ceux-ci pourraient être mal interprétés ou alors même incompris par vos vis-à-vis. Vous les maîtrisez, ce n'est pas forcément le cas de votre auditoire.

Afin d'éviter ces écueils, une seule solution : épurer votre discours ! Au niveau des notions les plus complexes, prenez le temps de les définir et ce, le plus simplement possible. Validez que l'intégralité de l'audience possède les mêmes bases de départ et, ensuite, prenez également le temps de garder le reste du discours le plus clair possible afin de ne pas surcharger la présentation. Plus le discours sera simplifié, plus vous serez certain de la compréhension de votre auditoire. Il s'agit non pas de penser que votre auditoire n'est pas en capacité de vous comprendre, mais d'être certain de diffuser le bon message. **Vous êtes l'animateur, à vous de bien communiquer !**

Dans le cas où vous constateriez une hétérogénéité de l'auditoire, sur quel niveau faudrait-il se caler ? Le plus simple est de comprendre les fonctions et rôles de chacun. Un comptable ne va pas comprendre le métier des ressources humaines et vice-versa. Selon les fonctions de chacun, vous pouvez avancer sans que tout le monde maîtrise les mêmes points. Prenez toutefois systématiquement le soin de bien définir clairement vos points culminants. Sélectionnez avec parcimonie et faites en sorte que, pour votre argument massue, tout le monde ait bien compris.

En somme, utiliser des mots simples et bien définir les notions complexes vous aideront à communiquer efficacement !

Jonathan présente un exposé sur les plaques tectoniques. Le sujet est scientifique et comporte de nombreux concepts abstraits pour les novices. En prenant le temps de définir chaque point de complexité, Jonathan s'assure que son auditoire le suit tout au long de sa présentation. Au-delà des définitions, Jonathan épure le reste de son discours. Le sujet étant complexe, il garde le corps de sa présentation le plus clair possible. Voilà un bon animateur soucieux de son auditoire !

#25 : Ne pas présenter les éléments avec lesquels vous n'êtes pas à l'aise

Un conseil plein de sagesse ! Je parle en connaissance de cause et vais illustrer par un cas vécu. En arrivant dans une nouvelle société, j'ai pu assister à différentes présentations des offres par les collègues de l'époque. En observant et notant les points de tout le monde, j'ai pu collecter de nombreuses informations.

Nombreuses certes, mais que faire de cette masse d'informations ? Tout d'abord, une bonne remise en forme m'a permis de collecter de manière exhaustive toutes les facettes de la présentation et l'ordre théorique dans lequel les aborder. Toutefois, à l'issue de ce travail, je n'ai conservé pour mes présentations que le contenu avec lequel je me sentais suffisamment à l'aise pour pouvoir échanger.

Un bon moyen de préparer ce point est de se dire : "Si je me fais questionner sur ce que je présente, est-ce que je saurais expliquer cet argument ?". Ainsi, si vous êtes en mesure de défendre un point de vue ou d'expliquer votre raisonnement, dans ce cas, foncez et présentez-le. Dans le cas inverse, abstenez-vous !

Si vous vous embarquez à présenter un point avec lequel vous ne vous sentez pas à l'aise, cela sera tout de suite perçu par votre auditoire et vous pouvez être certain que vous serez questionné sur ce sujet précis. C'est une réaction naturelle : si vous voyez une personne présenter un argument en étant mal à l'aise, vous pensez soit qu'elle vous ment, soit qu'elle vous cache quelque chose. Dans tous les cas, vous chercherez à en savoir plus.

Alors, ne vous coincez pas tout seul, ne retenez que les points que vous savez argumenter. C'est tout de même mieux de savoir de quoi l'on parle, n'est-ce pas ?

Liliane présente un placement financier à un client. Venant de débuter dans son établissement, Liliane ne maîtrise pas encore l'intégralité des produits proposés. Toutefois, dans son argumentaire, Liliane met en avant les points qu'elle maîtrise et sait présenter. Mieux vaut que Liliane conseille correctement ses clients sur un placement qu'elle maîtrise et leur apporte satisfaction plutôt que de se lancer sur des placements qu'elle ne maîtrise pas et risquer que ses clients fassent de mauvais choix ou pire, perdent l'intégralité de leur placement.

#26 : Employez des termes vulgarisés

"Hello la team! Ce matin, on follow les KPI et on prépare le soft pour la TM". Et oui, notre vocabulaire n'est pas toujours connu de tous… Qui n'a jamais dans sa vie eu une conversation où il n'a pas compris un acronyme et a fait semblant de le connaître ?

Sans forcément s'en rendre compte, nous développons un langage dans notre écosystème, qu'il soit personnel ou professionnel, avec ses propres codes et ses propres définitions. Pire, certains termes nous viennent aux lèvres de manière automatique !

En employant ce jargon qui vous est propre (à vous, votre corps de métier ou votre entreprise) dans une conversation, vous pouvez tout au mieux avoir deux réactions en face. La première, c'est de bloquer sur un terme que l'on ne comprend pas et passer à côté du reste de la conversation. La seconde, c'est de tenter de passer outre, de faire bonne figure et de se retrouver mal à l'aise.

À noter toutefois que, dans certains corps de métiers, le jargon fait partie du langage "naturel" d'une conversation. Si le contexte vous y oblige, vous pouvez employer les termes les plus communs. Néanmoins, je vous recommande de rester le plus compréhensible possible et de substituer autant que possible le jargon par un mot commun.

Dans tous les autres cas, la solution est simple, n'utilisez pas de jargon ou alors, si un terme vous échappe, définissez le tout de suite.

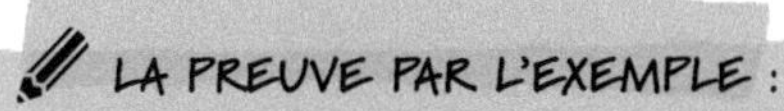

Adrien réalise une présentation d'une analyse économique qu'il a réalisée. Dans cette matière, les acronymes sont fréquents. Plutôt que de parler du PIB des pays de l'OTAN et de l'OCDE face aux GES ou encore de la position de l'AMF face aux SICAV, il convient de parler de la place de l'économie mondiale face à l'écologie ou encore des marchés financiers et leur régulation par les autorités compétentes. Cela vous parlera probablement plus.

#27 : Ne pas hésiter à recadrer dans le contexte

Une bonne présentation est une présentation maîtrisée. Il n'est pas rare de voir le sujet de la présentation dévier au fil de l'eau pour atteindre finalement un point qui pourrait vous mettre en difficulté.

Les données de votre présentation sont contextualisées ; cela veut dire ainsi qu'il est aisé de dévier de celle-ci. Si vous préparez un scénario de présentation avec un thème et que vous ne le suivez pas, vous vous exposez plus à de potentielles difficultés. En gardant le cap que vous avez défini, vous garderez au mieux la réussite de votre démonstration.

Toutefois, vous n'échapperez pas à quelques questions et/ou objections. Prenez le soin de les analyser afin de vérifier leur adéquation avec votre contexte. Si l'écart est trop grand et risque de vous faire dévier, il convient dans ce cas de recadrer le sujet. Ce moment de retour à votre ligne directrice est la plupart du temps salvateur. Vous pouvez mener vous-même ce contrôle ou le déléguer à l'un de vos collègues, le duo étant particulièrement efficace avec cette répartition : un qui présente, un qui garantit le cadre. Il ne faut bien évidemment pas rejeter toutes les remarques, mais il convient de bien veiller à garder cet axe de présentation que vous avez élaboré.

Tenez bon la barre, vous éviterez les coups de vent brutaux !

Louane anime une réunion interne sur les performances commerciales du trimestre écoulé. Au cours de la présentation des résultats par rapport aux objectifs, Louane est questionnée par sa direction sur les prévisions du trimestre prochain. Or, ce point n'étant pas à l'ordre du jour, Louane reprécise le contexte de la réunion et indique que les prévisions pourront faire l'objet d'un point complémentaire.

#28 : Prendre des notes

Durant vos échanges avec votre auditoire, les bonnes idées fusent régulièrement. Il serait dommage de se priver de cette manière grise !

Prenez des notes, elles peuvent vous servir pour plusieurs occasions : faire évoluer votre offre ou encore noter les points suscitant le plus de réactions. Vos vis-à-vis peuvent également vous poser des questions pour lesquelles vous n'avez pas les réponses. Dans ce cas, notez-les avant qu'elles ne soient oubliées !

Je vous recommande également de noter les réactions de votre auditoire : les points qui sont appréciés, ceux qui le sont moins ou encore les points qui ont été les moins compris. Ces notes vont vous permettre, après relecture, de savoir comment améliorer vos futures présentations.

Enfin, notez également les propositions que vous réalisez au cours de votre exposé : une configuration spécifique, une utilisation détournée d'une fonctionnalité, etc. Ce point est important, car votre auditoire n'oubliera jamais ces points de spécificités que vous lui avez présentés. En les notant et en les transmettant à qui de droit le cas échéant, vous éviterez toute déconvenue ! Cela servira potentiellement à réaliser une proposition adaptée au besoin.

Prenez garde aux aspects contractuels et à bien noter les points d'ambiguïté potentiels. Si des doutes persistent à l'issue de la présentation, utilisez vos notes pour réaliser un compte-rendu circonstancié et faites-le valider par les deux parties.

En synthèse, notez les suggestions et propositions d'amélioration, toute réaction qui vous fera évoluer dans votre présentation et enfin les spécificités abordées. Ce qui est écrit ne s'oublie pas ! Sauf si vous oubliez de relire vos notes...

Carl expose à un comité de financement son projet d'entreprise. En présentant l'offre qui sera produite par sa société, il suscite de nombreuses réactions de ce comité qui détient une expérience et une expertise fortes. Carl ne peut se priver d'autant de retours pour évoluer, qu'ils soient positifs ou négatifs. La prise de note lui garantira une évolution positive pour l'avenir.

#29 : La force du travail en équipe

Toute présentation n'est pas forcément menée en solo. Si vous en avez la possibilité, n'hésitez pas à faire intervenir d'autres personnes !

Le premier avantage d'une présentation à plusieurs est tout d'abord de donner plus de rythme. En étant seul à animer toute une séance, on a régulièrement des "coups de moins bien", des besoins de souffler ou de respirer un peu pour remettre ses idées en ordre. Il est toutefois difficile de le faire lorsque tout le monde est concentré sur vous ! À deux, vous pouvez facilement vous passer le témoin et offrir à chacun le temps qu'il faut à chacun pour être au top lors de la prise de parole. C'est aussi très pratique d'avoir une personne qui peut prendre des notes pendant que vous parlez !

Un autre avantage est de toujours ajuster au plus proche des besoins de vos interlocuteurs. Par exemple, un commercial connaît particulièrement bien le contexte d'un client, plus que le consultant fonctionnel ne le saurait. En intervenant tout au long de la présentation et en faisant insister la présentation sur les points qui intéressent le plus le client, ce duo sera diablement efficace !

Attention : dans le cas où vous animez une présentation en vous répartissant les rôles, préparez en amont qui intervient sur quelle partie car vous pouvez vite empiéter l'un sur les plates bandes de l'autre.

De mon point de vue, une présentation commerciale à enjeu devrait systématiquement être animée en duo car le ciblage et l'adaptation sont optimaux. Formez des duos redoutables ! Mieux vaut réussir à deux que de ramer tout seul à chaque fois...

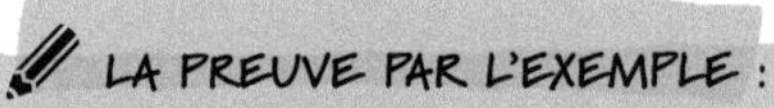

LA PREUVE PAR L'EXEMPLE :

Géraldine et Théo sont respectivement consultante fonctionnel et commercial. Ils interviennent dans le cadre d'un webinaire à destination d'un panel de clients sélectionnés afin de présenter une nouvelle offre. Au préalable, Géraldine et Théo se répartissent les temps de parole. Pour éviter que Théo ne fasse que l'intro et la fin du webinaire en se reposant sur les compétences de Géraldine, ils mettent au point un scénario où Théo va jouer le rôle du client utilisateur et va guider la présentation selon un fil conducteur préétabli. Cela donnera du rythme à la présentation pour améliorer l'attention des participants.

#30 : Utiliser des analogies sur les concepts les plus complexes

Selon le contenu que vous avez à présenter, vous pouvez avoir certains points abstraits qui nécessitent une attention particulière. Comme évoqué dans les points précédents, il est essentiel que le discours soit compris dans son entièreté. Il est donc nécessaire de temps à autre de définir vos concepts.

Plutôt que de vous embarquer sur de longues définitions littéraires, mieux vaut utiliser des métaphores. L'analogie est un excellent moyen de matérialiser et donc comprendre une notion. Plus l'exemple sera commun et connu, plus la compréhension sera facilitée. Personnellement, j'utilise fréquemment l'analogie avec le monde de l'automobile : tout le monde connaît ou possède une automobile. Idéal pour comprendre !

En utilisant à bon escient cette technique, vous vous assurez une parfaite compréhension de votre auditoire. Si vous prenez le volant d'une voiture, il vaut mieux s'assurer que vous connaissez le code de la route !

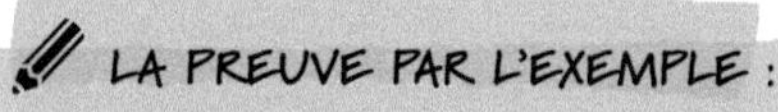

🖊 LA PREUVE PAR L'EXEMPLE :

Sarah, formatrice, explique à son auditoire le fonctionnement des câbles électriques : "Un câble électrique, c'est comme une route : plus elle est large, plus elle permet de faire circuler des voitures. Ainsi, plus le câble est largement dimensionné, plus il permet de véhiculer de l'intensité électrique."

#31 : Varier les supports de présentation

Au même titre qu'il convient de varier son débit de parole pour soutenir le rythme d'une présentation, vous pouvez également varier les supports.

Outre casser la monotonie d'une longue présentation, la variation de supports peut vous apporter un vrai plus en termes de différenciation et donc de valeur ajoutée. Prenons deux cas d'illustration dans un même contexte : la présentation d'un bien immobilier à rénover. Dans le premier cas, l'agent connaît parfaitement les caractéristiques du bien, mais se contente d'une visite. Dans le second cas, l'agent a préparé en plus de la visite une plaquette commerciale, des plans, une projection 3D du bien rénové et des devis pour les travaux. À votre avis, lequel a le plus de chances de conclure son affaire ?

Le mix des supports peut également créer un effet "Waouh". Si vous êtes par exemple dans le monde des technologies, il ne faut pas vous contenter d'une présentation de quelques slides, cela ne représente pas assez le côté novateur. Soyez créatif ! Osez des présentations avec des vidéos, des parties sur smartphone, des tableaux interactifs ou encore des bandes sons.

Vos supports sont le reflet de votre contenu, alors valorisez-les ! C'est comme pour un rendez-vous galant : on a plus de chances en se faisant belle ou beau qu'en portant une tenue de sport.

🖊 LA PREUVE PAR L'EXEMPLE :

Anthony est professeur d'histoire dans un lycée. À l'occasion des cours qu'il anime, Anthony décide de varier ses supports pour améliorer l'adhésion à son discours : il présente des vidéos, effectue des notes sur son tableau, présente des bandes sons et amène des objets historiques en classe. Avec cette pluralité de supports, Anthony va améliorer son attention, bien plus que s'il débitait son cours depuis sa chaise.

#32 : Une pause pour marquer les temps forts

Cette technique, plutôt simple, permet de mettre en avant le ou les temps forts de vos présentations et faire en sorte qu'ils restent en mémoire.

En marquant un silence assez appuyé sur chaque temps fort, vous allez susciter des réactions chez votre auditoire. Certains vont raccrocher avec votre présentation s'ils étaient un petit peu détachés, un silence étant particulièrement marquant, d'autres vont plutôt chercher à réagir (questionner, acquiescer, discuter, etc.) car, comme vu au point #6, le silence peut créer un malaise que l'on va chercher à combler.

Dans tous les cas, un moment appuyé de silence va marquer les esprits. Il est nécessaire en tant qu'orateur de savoir jouer avec ces blancs. Si vous prenez des discours de personnes célèbres ou de politiciens chevronnés, vous remarquerez rapidement que l'art de la pause est bien maîtrisé. Il faut donc oser, ce qui n'est pas évident en tant qu'animateur d'une présentation car il est normal de penser qu'il faut parler plus que se taire. Un silence, comme en musique, donne du rythme à votre discours.

Je vous recommande de l'utiliser après une idée importante de votre présentation, l'argument s'en trouvera d'autant plus valorisé !

Une pause... ça impose !

Pietra anime un séminaire d'entreprise. Son introduction est focalisée sur l'exercice écoulé. Pour donner une dynamique à ce séminaire, Pietra présente les réussites qui ont eu lieu lors de l'année écoulée. Elle souhaite avant tout mettre en avant deux points : les bénéfices qui ont doublé et la satisfaction client qui s'est améliorée. À l'annonce de chacun des points, Pietra marque

une pause : "Je souhaite avant tout féliciter l'ensemble des collaborateurs pour leurs réussites. Certaines me tiennent particulièrement à cœur. J'ai le plaisir de vous annoncer que la satisfaction de nos clients s'est améliorée de 20 % par rapport à l'année précédente ! [Silence] J'espère que tout le monde réalise l'énorme réussite que cela représente. Un effet direct s'est traduit dans nos chiffres. Ouvrez bien vos oreilles : en un exercice, nos bénéfices ont doublé ! [Silence] Je pense que l'on peut tous s'applaudir !"

#33 : Maîtriser son débit de parole

Cela paraît bête comme chou mais il n'est pas rare de voir des débits s'emballer ou au contraire ralentir face au stress que représente une présentation en public.

Gérer son débit de parole est complexe car nous ne prenons pas la peine de nous écouter parler. De plus, chacun possède naturellement un débit de parole différent, il n'existe pas réellement de norme de débit.

Sans rentrer dans une caricature de lenteur, comme peuvent le faire certains politiciens ou pseudo experts qui distillent leur parole en pensant être au centre du monde - et qui donne l'impression à l'auditeur d'être un abruti - vous devez aborder chacune de vos présentations avec un débit compréhensible.

Plus le débit sera fluide, mieux vous serez compris. Prenez le temps de vous enregistrer en train de parler et écoutez-vous, cela est extrêmement formateur ! De mon côté, j'ai naturellement un débit de parole rapide et essaye systématiquement de me tempérer à chacune de mes présentations. Je garde bien à l'esprit que je ne passerai jamais à un débit lent, ce qui n'est pas mon objectif, lequel est plutôt de rendre plus digeste mon discours auprès de mon auditoire. Cela m'évite également de bafouiller sur des mots accrocheurs.

Prenez garde à également bien articuler et ne pas avaler les mots, ce qui n'est pas très agréable pour l'interlocuteur.

N'allez pas contre votre nature, mais gérez votre débit, vous ne serez que mieux compris ! Ne sombrez pas dans le moulin à vent qui fuse pour chaque phrase, vous risquez de lasser et fatiguer vos vis-à-vis. On ne présente pas pour fatiguer les gens, non ?

Entraînez vous à répéter la phrase suivante : "Natacha n'attacha pas son chat Pacha qui s'échappa, ce qui fâcha Sacha qui chassa Natacha." Si vous y parvenez sans bafouiller, votre rythme est bon ! Si vous avez quelques ratés, révisez votre rythme...

#34 : Ne pas déballer tous ses arguments comme une liste de courses

La liste de courses ou l'exemple typique d'une présentation commerciale qui n'est pas adaptée. L'illustration parfaite est l'appel téléphonique où seul votre nom est personnalisé. Tout le reste du discours est écrit d'avance, les arguments sortis les uns à la suite des autres sans aucune adaptation au contexte ; rien n'est plus déplaisant.

Ne sombrez pas dans la dépersonnalisation, vous ne récolterez que peu de succès et ne capterez pas votre auditoire. Si vous avez toute une batterie d'arguments, tant mieux, cela vous conférera plus de force et de confiance : vous ne serez pas facilement coincé par une question piège. Comme nous l'avons vu dans les points précédents, il vaut mieux cibler vos arguments selon le public que vous aurez et surtout selon le contexte de la présentation.

Si vous ne placez pas tous vos arguments, c'est une très bonne chose car vous aurez utilisé seulement les arguments adaptés à la situation. C'est comme un jeu : vous n'êtes pas obligés de sortir tous vos atouts pour gagner, mais simplement de les utiliser au bon moment. La récitation, c'est pour l'école !

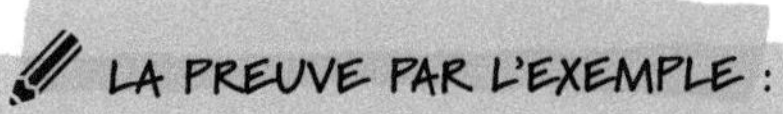

Théophile, vendeur dans une enseigne d'électroménager, présente une cuisi-nière à un couple potentiellement intéressé. Après avoir qualifié leurs besoins, Théophile a noté que leur principale attente se concentre sur la maîtrise de la cuisson. Dans ce contexte, pas besoin de parler des dimensions ou encore du nombre de feux ; il convient plutôt de se focaliser sur les programmes et la gestion des températures, ce sera plus impactant !

#35 : Moderniser au maximum la présentation (nouvelles technologies)

Une présentation, c'est un tout. Vous avez le contenu et le contenant. Pour le contenu, cela correspond aux points vus précédemment : vos arguments, la manière de les amener, le rythme de la présentation.

Concernant le contenant, il est important de chercher à avoir le meilleur "packaging" possible. Au vingt et unième siècle, en pleine ère du digi-tal, modernisez vos présentations ! On a assez vu de présentations sur quelques slides ou sur une brochure toute simple. Il est temps d'embrasser son époque, alors osez !

Les outils et idées n'ont de limite que votre imagination : réseaux sociaux, smartphone, lasers, hologrammes, projection 3D, réalité virtuelle ou encore montages vidéos, la technologie vous offre un panel extrêmement large ! Pourquoi pas non plus se lancer dans le sensoriel : des sons, des touchers, des visuels, des odeurs. Qui n'est jamais rentré dans une boulangerie et apprécié l'odeur du pain chaud ?

Si vous entreprenez de moderniser vos présentations, vous ne pourrez que vous différencier des autres et ressortir clairement du lot. Actuellement, il persiste encore énormément de méthodes traditionnelles de présentation. Vous préférez la vieille école ? Non, alors à vos outils et apprenez à maîtriser les nouvelles technologies !

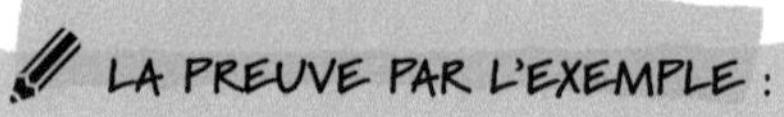

Léa est chargée de présenter auprès d'investisseurs un complexe immobilier. Pour donner une touche de modernité à sa présentation, Léa varie ses supports : intro vidéo, réalisation d'une maquette, modélisation 3D avec des lunettes de réalité augmentée, plaquette digitale interactive ou encore des infographies avec des chiffres clés. Avec cela, Léa est certaine de faire bonne impression !

#36 : Ne pas se raccrocher à la technique

Je cite ce conseil car j'ai vécu et beaucoup vu la situation correspondante. Durant mes années de formation, de nombreuses techniques de communication m'ont été enseignées, permettant d'avoir un bagage solide. Les conseils de cet ouvrage constituent également un excellent bagage qui va, je l'espère, énormément vous apporter.

Attention toutefois à ne pas vous retrancher derrière la technique aux dépens du relationnel que vous tissez avec vos interlocuteurs. Une fois que vous maîtrisez ces bases, concentrez-vous sur le dialogue, l'interaction. Pas de méprise, la technique est un fondamental indispensable à votre réussite. Je préconise ici d'aller voir plus loin et de ne pas se cacher derrière : prendre la parole, c'est se mettre un peu à nu. N'ayez pas peur de qui vous êtes ou de laisser libre cours à votre personnalité car c'est ce qui fait que vous en êtes arrivés là aujourd'hui. Vous êtes une belle personne, montrez-le !

Êtes-vous déjà entré dans un magasin et rencontré un commercial qui déplie consciencieusement sa méthodologie de vente petit à petit, pour finir par demander "la remise exceptionnelle au responsable du magasin" afin de finir de vous convaincre de signer ? Tout cela est trop ficelé pour s'individualiser et la technique prend largement le pas sur la relation humaine.

Lors d'une présentation, d'un discours, d'un entretien d'embauche ou toute autre forme de prise de parole, vous êtes avant toute chose dans une interaction humaine. Ne l'oubliez pas, cela pourrait vous jouer des tours !

LA PREUVE PAR L'EXEMPLE :

*Je vais ici me servir d'un exemple que j'ai vécu. J'ai eu l'opportunité de participer à un concours, nommé **Le Trophée de la Négociation**. Durant mon passage, je n'étais certainement pas le candidat qui maîtrisait le mieux les techniques de négociation mais probablement celui qui arrivait le mieux à adapter mes connaissances selon la situation, ce qui m'a permis de me concentrer sur le dialogue, d'être présent avec mon vis-à-vis. Tandis que d'autres se focalisent principalement sur la nécessité de réaliser toutes les étapes de techniques de ventes une à une, j'ai opté pour cette autre stratégie, celle de me concentrer sur l'interaction. Cela a été payant, car c'est comme cela que j'ai pu passer toutes les étapes, jusqu'à remporter le fameux trophée.*

#37 : Vous n'êtes pas obligé d'avoir toutes les réponses à l'instant T

Vous n'êtes pas une machine ! Il est important de le préciser, vous n'aurez jamais toutes les réponses à toutes les questions, à moins d'être une encyclopédie sur pattes, mais cela ne court pas les rues...

Si d'aventure vous vous retrouvez confrontés à une question pour laquelle vous ne connaissez pas ou peu la réponse, abstenez-vous surtout de dire quoi que ce soit. Comme nous l'avons vu au point numéro deux, une seule mauvaise réponse pourrait vous discréditer entièrement.

Une bonne solution est d'indiquer simplement que vous ne pouvez pas apporter de réponse à l'instant mais que vous allez prendre note du point et apporter la réponse a posteriori. Personne ne vous en voudra de ne pas avoir répondu n'importe quoi. Il est donc largement préférable de prendre la question en note et de se renseigner à l'issue de la présentation. Dès lors que vous avez vos réponses, surtout, pensez bien à les communiquer à ceux qui vous ont questionné.

Par ce biais, vous allez non seulement tisser un lien de confiance avec votre auditoire, mais vous allez également monter rapidement en compétence : la prochaine fois que vous aurez cette question, vous connaîtrez la bonne réponse !

Si vous pensez passer pour un ignare, rassurez-vous, c'est pire d'être un menteur !

Rodolphe anime une formation sur une machine qui stérilise les aliments. Venant de débuter, Rodolphe se retrouve sans réponse sur une question technique qu'il n'a jamais entendue jusqu'alors : on lui demande comment différencier deux types d'erreurs. **Deux options :** *soit tenter une réponse avec le risque que, lorsque les stagiaires se retrouveront confrontés au cas, cela les coince (ou pire), soit apporter la réponse ultérieurement. L'option numéro deux apparaît comme évidente.*

#38 : Amusez-vous !

Celui-là aussi, je le place dans le top des conseils. Si vous voulez passer un cap et devenir un orateur de premier ordre, il faudra réussir à vous amuser et à prendre du plaisir.

Sans plaisir, la présentation reste mécanique. C'est comme conduire une voiture : soit on considère que ça amène du point A au point B et la voiture fait le travail, soit on prend du plaisir à conduire et le trajet passe tout seul.

Une présentation, c'est pareil : vous partez d'un point A et finissez à un point B. À vous de rendre le trajet agréable pour tout le monde et surtout pour le conducteur, c'est à dire vous !

Alors allez-y, prenez votre pied ! Appréciez pleinement de prendre la parole et amusez-vous comme un enfant lorsque vous animez ! Dans la gêne, il n'y a pas de plaisir mais, dans la présentation, je peux vous assurer qu'il y en a. À vous de le trouver !

Il serait difficile d'illustrer par un cas pratique ce point. Je vous invite plutôt à regarder des vidéos de présentateurs, de comédiens ou de conférenciers. Vous remarquerez rapidement que les meilleurs d'entre eux sont ceux qui s'amusent. Quand travail rime avec jeu, on redevient un enfant !

Synthèse de cette section

En appliquant ces quelques techniques bien rodées, vous monterez très rapidement en compétence sur votre prise de parole.

Ne rentrez pas dans un côté mécanique, essayez d'intégrer ces techniques dans votre quotidien pour qu'elles deviennent naturelles : soyez plus synthétique quand vous racontez votre journée de travail le soir, faites valider par un oui votre proposition de sortie, profitez des sorties avec des amis pour mieux exprimer vos histoires, forcez-vous à ne pas répondre quand vous ne savez pas, etc.

Plus ces techniques vous habitent, plus vous serez performants sur votre prise de parole !

N'oubliez jamais qu'une technique n'est qu'un outil et que l'outil ne fait pas le bricoleur. Ceci étant dit, un bon bricoleur est toujours doté de très bons outils !

» LE FIL CONDUCTEUR
D'UNE PRÉSENTATION «

Nous avons bien avancé ensemble ! Vous êtes fin prêt à prendre la parole. Il nous manque encore quelques points que nous n'avons pas vus ensemble : comment organiser une présentation.

Dans cette section, je vais aborder le côté plutôt "agenda" à tenir et vous donner les clés pour gérer le fil conducteur de votre grand oral. Vous n'aurez donc pas d'exemple sur chaque point car il constitue un maillon d'une grande chaîne, celle de votre présentation.

Si vous maîtrisez le périmètre de votre présentation, vous donnerez le cadre dans lequel vous vous épanouirez !

Dans ce chapitre, je vous indique également quelques conseils qui sont orientés sur la gestion du timing et de l'ordre à respecter. Faites-en bon usage !

#39 : Avant la présentation, qualifier au maximum en amont

Commençons par définir le terme "Qualifier". Ce mot est utilisé ici dans le sens commercial du terme, c'est-à-dire de prendre le temps de récolter un maximum d'informations et de détails pour connaître son sujet et les besoins. La qualification sert de base pour les échanges commerciaux et pour orienter son argumentaire.

Et par rapport à notre sujet, quel rapport ? Beaucoup de choses au final !

Une présentation, ça se prépare bien avant le jour de votre soutenance. Vous pouvez réaliser vous-même cet amont ou alors laisser à une ou un collègue le soin de le réaliser, tout en veillant à obtenir les informations qui vous seront pertinentes.

Parmi les indispensables à obtenir, je place deux éléments : connaître les décisionnaires et identifier les douleurs.

Concernant les décisionnaires, cette identification est nécessaire pour optimiser votre effort de présentation. Dans le cas où vous seriez amenés à présenter des produits auprès de personnes non décisionnaires, vous pouvez être certain par la suite de devoir réaliser a minima une nouvelle présentation identique ! Une belle perte d'énergie en perspective... En présentant directement aux bonnes personnes, vous gagnez du temps, que vous pourrez consacrer à d'autres tâches ou présentations, tout en restant en forme ! Attention toutefois, car décisionnaires n'est pas égal à responsable. Ne vous fiez pas aux titres !

Un responsable est une personne qui a des responsabilités en interne de son organisation, souvent d'ordre managérial. Pour autant, cette responsabilité interne n'implique pas un pouvoir de décision. Prenons un exemple : un responsable comptable, qui assiste à une présentation d'un nouvel engin de chantier aura certes une responsabilité sur la partie budgétaire (obtenir et débloquer les fonds), pour autant il ne sera pas décisionnaire car inexpérimenté sur le sujet. Autre exemple, vécu personnellement, avec un responsable de service des ressources humaines qui n'avait pas de pouvoir de décision, le choix revenant aux employés de son service qui étaient les plus aguerris sur le sujet.

Ainsi, il convient d'identifier les personnes qui auront une influence déterminante sur la décision et pas seulement celle qui signera le contrat.

Si vous n'avez pas possibilité de présenter directement aux décisionnaires, alors soyez efficaces : prenez les arguments majeurs de votre discours qui vous ouvriront les portes des décisionnaires et concentrez-vous dessus.

Pas besoin de sortir le grand jeu, il faut simplement montrer la pertinence de notre présence et de celle de passer à l'étape suivante, celle de présenter aux décisionnaires.

Le second point concerne les douleurs (voir le point #19 sur les méthodes d'identification). Si vous voulez que votre présentation fasse écho, c'est indéniablement ici que vous trouverez de quoi faire pencher la balance.

Toute personne qui accepte votre présentation va y trouver un intérêt, qu'il soit personnel ou professionnel. Votre objectif est de trouver le ou les points qui sont les plus douloureux, les plus profonds, ceux qui ont motivé votre présence. Il ne s'agit pas d'une simple qualification des besoins mais de bien gratter encore et encore pour dénicher ce qui est quasi inconscient pour votre vis-à-vis. Cela peut-être un besoin de reconnaissance, un manque organisationnel ou encore une volonté de doubler la concurrence.

Si vous trouvez cette douleur, alors vous avez gagné le jackpot ! Pour assurer, il suffit simplement d'appuyer au bon moment là où ça fait mal. **Succès garanti !**

Au-delà de ces deux points indispensables, vous pouvez également profiter de ces moments pour apprendre le langage de vos interlocuteurs et leur niveau de maturité sur le sujet abordé, identifier leur avancement dans le processus de décision, leur budget, les concurrents rencontrés, etc. Plus vous aurez d'informations, plus vous serez préparé pour votre passage.

#40 : Votre entrée et la première impression

Les trente premières secondes sont cruciales. Durant ce laps de temps, vous allez être attentivement observé et une première impression de vous va se forger dans l'esprit de vos vis-à-vis. Cette phase fait partie de la "règle des trente" : les trente premières secondes, les trente premiers pas, les trente premiers mots sont les plus importants.

Prenez le temps de soigner votre entrée car il est extrêmement difficile de faire changer une opinion sur une personne, d'autant plus si celle-ci est négative.

Plusieurs règles simples sont applicables pour avoir une image soignée et faire bonne impression : être poli et courtois, un sourire naturel et pas forcé, considérer l'entièreté de l'assemblée, être sûr de soi et ne montrer aucun stress (même si vous en ressentez), briser la glace avec une première accroche et enfin s'intéresser à l'autre. **Entraînez vous, cela ne vous sera que bénéfique !**

Finalement, c'est comparable à un rendez-vous galant, on cherche de suite à faire bonne impression pour charmer l'autre. En réussissant cette étape, vous vous assurez de capter l'attention et attirer la sympathie de votre auditoire pour la suite, ce qui est tout de même mieux que l'inverse, nous pouvons en convenir !

N'oubliez pas que vous n'avez qu'une seule occasion de faire une bonne première impression, alors ne la gâchez pas !

#41 : Le tour de table

Point de départ de votre positionnement en tant qu'animateur de présentation, le tour de table doit être un de vos points de passage à ne pas négliger.

Quel en est son intérêt ? Tout d'abord, vous pouvez identifier qui est présent et quel rôle il joue. De là, vous pouvez ainsi essayer de déduire la place que tiendra cette personne dans la prise de décision qui suivra votre oral. Profitez également de ce moment pour repérer dans l'assistance les personnes qui seront des aides pour votre présentation.

Ensuite, le tour de table vous permet de vous adresser individuellement à chaque participant, tissant un premier lien humain important. Je vous recommande par ailleurs d'aller un petit peu au-delà des simples présentations d'usage et de questionner sur leurs attentes, leurs besoins, sur ce qu'ils ont pu voir et faire auparavant ou encore de détailler leur rôle et fonction. Vous apprendrez beaucoup et gagnerez des informations précieuses pour votre présentation.

Enfin, le tour de table amorce un échange et permet très souvent d'avoir une excellente transition vers la phase suivante, la validation du contexte !

N'oubliez pas de prendre des notes, certaines informations pourront vous servir par la suite !

#42 : Les questions ouvertes et validations de contexte

Sauf si vous y êtes contraint (soutenance, exposé), ne prenez pas d'emblée la parole pour déballer tout votre discours.

Prenez un temps auparavant pour mieux connaître le contexte dans lequel vous mettez les pieds et ce même si vous avez pu qualifier celui-ci en amont. Privilégiez en premier lieu des questions ouvertes (Comment fonctionnez-vous ? Quelles sont vos attentes sur tel domaine ? Si vous deviez décrire l'outil idéal, quels points seraient prioritaires ?) qui sont souvent riches en éléments d'informations. Plus votre vis-à-vis va parler, plus vous capterez de l'information qui servira votre discours.

Comme vu dans les points précédents, cherchez la matière qui fera briller votre discours, allez chercher ces fameuses douleurs, de quoi vous donner confiance pour la suite.

Profitez également de ces échanges pour identifier le caractère de chaque participant : qui serait plus enclin à vous donner des informations, qui va être le plus tatillon, qui va probablement ne pas écouter, etc. Cette cartographie vous aidera pour la suite.

Une fois que vous avez obtenu les éléments nécessaires, vous pouvez valider par des questions fermées, auxquelles on ne peut répondre que par oui ou non. En obtenant la validation du contexte, vous vous assurez également de votre bonne compréhension. Vous ne ferez pas fausse route !

À cette étape, prenez également des notes, celles-ci vous seront utiles !

Pour terminer, réalisez une synthèse de votre compréhension en reformulant à votre manière le contexte et les attentes par rapport à votre intervention.

Par cette action, non seulement vous vous assurez d'aller dans le bon sens, mais en plus cela vous permet d'afficher votre esprit d'analyse.

Profitez de cette synthèse pour faire le lien entre ce que vous avez noté et ce que vous allez présenter. On est dans ce cas sur la parfaite adéquation besoin / solution.

43 : Prendre la parole

La phase d'introduction et de validation du contexte est un excellent moyen d'installer une proximité avec votre auditoire et cette interactivité vitale pour l'animation de votre présentation. Toutefois, pas facile de prendre exclusivement la parole à un moment où l'on ressent cette effervescence que l'on a mis tant de temps à instaurer.

Pourtant, il va bien y avoir un moment où vous allez devoir franchir le pas. Il est indispensable que ce soit vous qui orchestriez ce moment, en tant qu'animateur et maître de cérémonie. Vous donnez le tempo !

Alors à quel moment reprendre le leadership et démarrer votre discours ? Vous pouvez opérer cette bascule dès lors que vous aurez rempli trois objectifs : **valider le contexte, avoir brisé la glace et enfin avoir identifié les douleurs.**

Ces trois clés vous permettent de passer sereinement à l'étape suivante.

Pour prendre la parole et lancer votre présentation, vous pouvez vous imposer soit en attirant l'attention par un ton de voix légèrement plus élevé (j'ai bien dit légèrement), soit par un silence, tout autant efficace !

Soyez précis dans votre accroche et votre transition, car vous devez attirer l'attention de l'ensemble des convives. Adaptez bien sûr cette étape selon le contexte et votre personnalité. Après tout, c'est votre moment qui va commencer !

#44 : Captiver dès le début pour gagner en qualité d'écoute

On y est, vous commencez votre présentation ! Que d'étapes parcourues et on commence seulement à entrer dans le vif du sujet !

La manière dont vous allez débuter votre discours déterminera en grande partie l'attention que vous allez avoir par la suite. Comme vu au point précédent, vous avez capté à ce moment toute l'assemblée. Le niveau d'écoute est alors à son point le plus élevé, vous devez saisir cette opportunité pour captiver et donner envie de vous écouter tout du long. On peut comparer cette étape à l'introduction d'un livre : si elle ne vous accroche pas, vous n'irez pas bien loin dans votre lecture. A contrario, si vous accrochez, vous allez dévorer l'ouvrage.

Il faut ainsi donner matière à vous écouter : si vous formez, dites ce que vos stagiaires vont apprendre et ce qu'ils pourront faire avec ce savoir, si vous présentez un produit, indiquez comment celui-ci va révolutionner la vie de son propriétaire ; bref, donnez envie !

Le temps d'attention étant limité par nature, vous devez remplir cette mission en quelques minutes, voire secondes ! Essayez d'interpeller une personne dans la rue pour lui demander votre chemin, vous vous rendrez compte de cette durée limitée...

#45 : Racontez l'histoire

On est ici en plein cœur de l'autoroute de votre présentation, vous êtes en vitesse de croisière.

C'est à ce moment que vous entrez dans l'argumentation, dans le rationnel. Vous n'avez bien sûr pas oublié qu'un grand déballage de liste de courses est inutile. Vous avez commencé par écouter ; alors, servez-vous en, choisissez les points forts qui vont constituer votre discours et qui feront pencher le plus la balance en votre faveur. Appuyez sur les douleurs identifiées, cela sera amplement suffisant pour convaincre.

Une fois votre argumentaire en place, il faut maintenant le présenter dans un ordre logique pour votre auditoire (et non pas forcément pour vous), c'est la fameuse histoire. Ce que vous racontez doit avoir du sens et faire briller les yeux, comme un conte lu à un enfant. Le public est probablement différent, mais l'objectif est le même : vous devez réussir à les faire se projeter. Un argumentaire froid et placide emportera moins souvent l'adhésion qu'un argumentaire restreint mais parfaitement emmené.

Nous sommes une nouvelle génération de conteurs ; alors, faisons briller ce noble art !

46 : Se créer un scénario des points clés

Cette étape correspond à la preuve par l'exemple. Il ne s'agit pas de susciter l'intérêt ou d'essayer de convaincre, mais de prouver ce que vous avez jusqu'alors avancé. C'est le dernier coup de marteau sur le clou ! Vous avez raconté une histoire et avancé des arguments, il est temps de le prouver.

Afin d'être le plus à l'aise possible lors de vos présentations, prévoyez un scénario complet en amont. Celui-ci doit couvrir tous les arguments que vous pouvez intégrer à votre présentation, pour prévenir chaque cas de figure qui ferait office de contexte de présentation. Bien évidemment, vous n'aurez jamais tous les cas de figure au départ et vos scénarios s'étofferont avec le temps, mais forcez-vous tout de même à chercher à couvrir le scope le plus large possible.

Avec une bonne préparation de scénarios, l'objectif est de ne plus avoir à vous soucier de ce que vous allez présenter pour vous concentrer sur le groupe avec lequel vous interagissez. Si, a contrario, vous improvisez un scénario de but en blanc, vous serez dans neuf cas sur dix bien plus préoccupé par ce que vous présentez que par votre auditoire. Rien ne pourrait vous arriver de pire que de vous déconnecter du groupe.

En ficelant proprement vos scénarios et en les répétant encore et encore, vous pourrez réaliser cette étape les doigts dans le nez.

#47 : L'alternative de présentation, le "pitch 5 minutes"

Selon le contexte de votre présentation ou de par la nature même de votre métier, il peut arriver que vous n'ayez que peu de temps pour convaincre. Le "pitch cinq minutes" a vocation à raconter une histoire courte, ciblée et efficace. Ce serait comme la bande-annonce d'un film, on y retrouve tous les éléments qui donnent envie !

Dans tous les cas, quelle que soit la nature de votre présentation, je vous recommande de pratiquer cet exercice. Pourquoi ? Parce qu'il va vous permettre de vous concentrer sur l'essentiel, la quintessence de votre discours. Cela pourrait vous être bien utile ! Imaginez-vous prendre demain l'ascenseur avec une personne qui aurait le pouvoir de vous faire embaucher dans l'entreprise de votre choix. Comment vous vendre en si peu de temps si vous ne vous y êtes pas préparé ?

Ce pitch éclair doit garder les fondamentaux d'une présentation et bien sûr toujours raconter une histoire adaptée au contexte. Vous prendrez moins de temps pour emmener vos idées et les détailler mais, à la fin de votre prise de parole, on doit capter l'essentiel comme pour une bande annonce.

Et si demain vous rencontrez la personne de vos rêves dans le bus, que lui direz-vous jusqu'au prochain arrêt ?

#48 : Terminer une présentation

On touche au but ! Si vous en êtes rendu ici, c'est que vous avez fait le plus dur. Il va falloir toutefois soigner votre sortie afin de laisser une bonne impression de fin et surtout valider tout votre argumentaire qui précède. Tant que l'on n'a pas franchi la ligne d'arrivée, la course n'est pas finie !

Avant toute chose, gardez toujours à l'esprit de vous arrêter une fois la trame prévue complètement déroulée pour ne pas risquer d'en dire trop. Quels risques, me direz-vous ? L'écueil classique est de vouloir tellement argumenter que l'on en arrive à donner des arguments contradictoires. Vous pourriez également malencontreusement dévoiler des points faibles sur votre offre ou argumentaire, donner des informations sensibles ou tout simplement paraître "lourdingue"... **Comme le dit l'expression, il faut être clair, net et précis !**

Vous venez donc de finir votre trame de présentation et avez besoin de bien valider le contenu de ce que vous avez jusqu'alors argumenté avec brio. Pour cela, réalisez systématiquement un résumé de la présentation. En reprenant les points forts de votre intervention et en les mettant en lumière en fin de présentation, vous garantissez l'ancrage de ces éléments dans l'esprit de votre auditoire.

Après cette conclusion, vous pouvez si vous le souhaitez accueillir et traiter les questions restées sans réponses. Redonner la parole est intéressant car cela permet d'observer les réactions que suscite votre discours, ce qui vous aidera à identifier si vous avez réussi votre passage, ainsi qu'à lever les réserves que certains pourraient avoir. N'oubliez pas qu'une objection est une marque profonde d'intérêt et donc est à percevoir positivement !

Enfin, essayez tant que possible de garder la main sur la relation avec votre auditoire et définissez ensemble quelles seront les prochaines étapes. Il serait dommage de ne pas transformer l'essai après une telle débauche d'énergie !

Soignez votre prise de congé : restez courtois, poli et souriant, vous insufflerez de la confiance. Et puis cela vous rendra charmant ! Un brin de séduction ne fait pas de mal !

#49 : A posteriori, faire un débriefing

Le bilan de votre performance doit faire partie des étapes de présentation car c'est celle qui vous fera le plus progresser.

Rien ne serait plus facile que d'enchaîner mécaniquement les prises de parole les unes aux autres, mais quand bien même vous auriez une présentation de qualité, cela ne durera pas. Les contextes sont tellement nombreux et indéfinis que vous finirez forcément par être moins performant face à cette diversité. **Si vous êtes dans un secteur concurrentiel, ayez en tête que vos compétiteurs ne pensent qu'à une seule chose : faire mieux que vous. Ne leur laissez pas cette chance !**

En prenant le temps de vous analyser, vous apprendrez à mieux vous connaître : quels sont vos points de performance, les axes de difficultés, où votre scénario est percutant et où il est faible, etc... Un tour d'horizon complet et honnête, à chaud et à froid, vous donnera une liste de points à analyser.

Pour la prise de parole, c'est comme dans votre vie de tous les jours : il vaut mieux capitaliser sur ses points forts. Identifiez-les, développez-les et performez en évoluant positivement ; vous deviendrez une machine à succès !

#50 : Passer la main ou embrayer sur la phase suivante

Votre présentation est maintenant terminée, félicitations ! Il faut maintenant battre le fer tant qu'il est chaud ! L'énergie que vous avez mise dans votre présentation pour convaincre vos interlocuteurs doit vous servir pour embrayer sur les étapes suivantes.

Il ne faut jamais laisser trop refroidir votre contact après votre intervention. Vous risqueriez dans ce cas de voir votre auditoire oublier quelques points clés ou se pencher sur d'autres alternatives que votre proposition. Maintenir le lien après une performance réussie va surtout vous permettre de conserver la dynamique que vous avez instaurée lors de votre intervention et tout le positif qu'il y a autour.

En ayant pris soin de prévoir les étapes suivantes et en les respectant, vous maximisez vos chances d'arriver à vos fins : signer un devis, soutenir et transmettre une thèse, rencontrer une personne, etc.

Gardez le contact et maintenez-le jusqu'au bout pour faire fructifier cette belle énergie !

Synthèse de cette section

Être le gardien du temps et du cadre, c'est la mission que vous devez vous donner lors de chacune de vos prises de parole.

Si vous maîtrisez l'ensemble de cette suite d'étapes, pas d'erreurs possibles et vous régnerez sur votre présentation en maître.

N'oubliez pas que, lorsque vous êtes contraints par le temps, vous devez adapter l'ensemble de ce scénario et non pas quelques parties, au risque de déséquilibrer votre prestation. Soyez flexible, mais rigoureux et ordonné !

» EST-CE QU'IL Y A DES QUESTIONS ? «

Maintenant, vous êtes fin prêts pour démarrer et réussir vos présentations ! Pour aller au-delà, je vous ai prévu quelques questions / réponses pratiques pour éclaircir et gérer au mieux vos présentations !

Quelles questions dois-je me poser pour préparer au mieux ma présentation ?

Pour prendre du bon pied une présentation, vous devez au préalable vous questionner sur différents points : quel thème dois-je présenter ? Quel est le but de la présentation ? Quel auditoire aurais-je en face de moi ? Quelle durée ? Quels sont les outils qui seront à ma disposition ? Etc.

En résumé, **vous devez identifier les raisons de votre présentation, les objectifs poursuivis et les contraintes que vous aurez. Cela vous permettra de bien prendre sous le bon angle votre présentation.**

Comment gérer les questions : au fil de l'eau ou à la fin ?

La réponse dépend de votre aisance : si vous êtes peu à l'aise encore avec votre discours et que vous ne souhaitez pas dévier de la ligne de conduite que vous vous êtes fixée, privilégiez les questions en fin de séance. A contrario, si vous maîtrisez votre sujet et avez capacité à rebondir et à recadrer une présentation qui part potentiellement dans tous les sens, alors vous pouvez prendre les questions au fil de l'eau ! Cette dernière option présente l'avantage de montrer que vous êtes réellement à l'écoute de votre auditoire. Les questions seront également bien plus riches et contextualisées, donc plus pertinentes. **Ayez toutefois bien votre plan de présentation en tête et recadrez les débats si nécessaire.**

Prenez également la notion du temps dans ce choix, car les questions traitées au fil de l'eau vont impacter la longueur de votre présentation et représenter un risque de dérapage. Les questions en fin de présentation, quant à elles, bénéficieront du temps restant pour être traitées et vous garantissent de réaliser votre présentation sans dérapage.

Présentations en duo : bonne ou mauvaise idée ?

Outre le volet financier (si l'entreprise peut se le permettre), voilà une question qui est très personnelle. Certains sont à l'aise en solo, d'autres non. De par mon expérience, je préfère largement une présentation en duo car elle apporte de très nombreux avantages : elle donne du rythme, elle permet d'ajouter de l'humain, elle scénarise, elle permet de combler les temps faibles de l'un ou de l'autre et crée indéniablement de la com-plicité. **Si vous en avez l'opportunité, testez-la, vous ne serez pas déçu !**

Comment reconnaître une présentation réussie ?

À part les félicitations que vous pouvez recevoir, il n'est pas forcément simple de reconnaître une présentation réussie. Quelques indicateurs peuvent vous aider. Il faut tout d'abord avoir bien réussi à faire passer le message, point essentiel d'une présentation. Assurez-vous qu'il soit bien entendu et compris ! Ensuite, vous pouvez percevoir votre réussite au travers des réactions de vos interlocuteurs. Des visages fermés et des bras croisés ne sont pas signe de bonne réussite. À l'inverse, des sourires, des réactions variées et des questions nombreuses montreront que vous avez bien réussi.

En clair, si vous suscitez des réactions (positives de préférence) et que vous avez été compris, c'est que vous avez réussi !

Combien de points clés minimum dans ma présentation ?

Il vous en faut au moins un, pas bien plus. Mieux vaut un seul bon argument bien amené qu'une pléiade d'arguments déballés les uns à la suite des autres sans réel impact. Le plus important dans votre prise de parole va être la manière d'amener votre discours. La forme a autant d'importance que le fond, voire plus ! **Concentrez donc votre énergie sur la logique du discours. Privilégiez la qualité à la quantité !**

Comment bien cadrer ma présentation ?

Définissez en premier lieu un ordre du jour et tenez-vous-y ! Précisez bien les points que vous allez aborder et l'ordre des éléments. Si l'on vous demande de sortir de ce cadre en cours de présentation, vous pouvez ainsi redonner le contexte de votre intervention et revenir sur votre trame. N'oubliez pas que vous pouvez prévoir des présentations complémentaires au besoin. **Évitez de vous faire coincer en voulant réaliser le grand déballage d'arguments, soyez organisé et tout se passera bien !**

Comment effectuer un retour d'expérience de mes présentations ?

Faites votre retour en deux étapes : l'une à chaud, en sortie de présentation et l'autre à froid le lendemain par exemple.

À chaud, notez surtout les réactions de votre assemblée, les questions que vous avez reçues, les points qui ont été appréciés et ceux qui ne l'ont pas été.

À froid, analysez plutôt votre performance : quels sont les points où vous avez été en difficulté, avez-vous bien conduit l'ordre du jour que vous aviez défini, avez-vous pu faire passer votre message, avez-vous bafouillé, avez-vous assuré votre entrée, avez-vous su bien briser la glace, etc.

Finissez votre analyse par deux colonnes dans lesquelles placer vos notes : "qualités à conserver" et "qualités à améliorer".

Mon conseil : capitalisez sur vos forces et faites en sorte de ne pas avoir à revenir sur vos points faibles !

Prendre des notes. Oui, mais comment ?

Il est essentiel de prendre des notes. Cela vous sert pour plusieurs aspects : noter des réactions, des questions, des difficultés rencontrées, des réactions positives ou encore identifier le contexte complet de votre assemblée.

Dans ces notes, vous pouvez glaner de précieuses informations. Elles peuvent être professionnelles : qualifier précisément un client, identifier des décideurs, connaître la volumétrie pour un devis, etc. Elles peuvent être également bénéfiques personnellement, car elles vous serviront pour votre retour d'expérience. **Moralité : notez tout !**

Comment créer un bon support de présentation ?

On pourrait consacrer un ouvrage entier à ce sujet tant il est important !

Le support porte bien son nom car il doit vous accompagner pour bonifier votre présentation. Il est le reflet de ce que vous évoquez, il n'est qu'un moyen. Ce n'est donc pas lui qui va assurer le succès de votre oral, mais c'est votre oral qui va le valoriser.

Retirez les idées clés de votre discours et organisez-les selon votre logique de présentation. Chaque idée doit être isolée. Par exemple, si vous réalisez un support via des slides (diapositives de présentations), chaque slide ne doit véhiculer qu'une seule et même idée. Le message doit être clair.

Ensuite, votre support doit être simple et lisible : une vidéo, une illustration, une infographie, peu importe le choix du support, mais il doit être compris immédiatement.

Enfin, il ne doit pas polluer votre présentation. Si vous faites un support, ne le chargez pas trop car on risque de prendre plus de temps à comprendre votre support qu'à vous écouter. Humainement, on aura tous tendance à naturellement regarder le support aux dépens de l'oral. Le visuel prendra toujours le dessus. Faites en sorte que cela ne soit pas le cas !

Quels scénarios de présentation prévoir ?

Prévoyez toujours un scénario standard, celui qui correspond à l'usage ou au cas usuel ; par exemple, pour un bien immobilier, l'ordre de visite des pièces ou pour un logiciel de facturation la réalisation d'une facture simple. En ayant un fil conducteur classique, vous aurez toujours un pilier sur lequel vous appuyer et vous raccrocher si votre présentation dévie.

Je vous recommande tout de même de prévoir des scénarios alternatifs, certains les plus éloignés de votre standard, afin de vous préparer à tous les cas de présentations. **C'est peut être bête à dire, mais plus vous vous préparez, plus vous serez performant !**

Le charisme est-il indispensable pour animer une présentation ?

Non ! Évidemment que non.

Le charisme est un plus qui va pouvoir vous aider indubitablement à performer. Toutefois, pas besoin d'être un cador pour assurer une présentation, vous pouvez vous baser sur des techniques et astuces afin d'être suffisamment à l'aise. Dès lors que vous arrivez à faire passer clairement le message et que vous suscitez des réactions, vous aurez réussi. Plus vous assurerez de présentations, plus vous prendrez d'assurance.

Plus vous prendrez d'assurance, plus vous exprimerez votre charisme. Le cercle est vertueux !

Poursuivons l'échange

Si vous souhaitez échanger avec moi, me faire part de vos problématiques, poursuivre certaines idées ou alors tout simplement me faire part de votre avis sur cet ouvrage, vous êtes libre de me contacter à l'adresse mail suivante :

contact@voice2success.com

Accéder à un contenu exclusif

Afin d'accéder à un contenu premium, vous donnant trois exercices simples à réaliser pour améliorer votre charisme, voici les étapes à suivre :

> Laissez votre commentaire sur votre site d'achat de ce livre en partageant ce que, à travers cet ouvrage, ces conseils ont pu vous apporter dans votre vie professionnelle (voire personnelle).

> Envoyez-moi la capture d'écran de votre commentaire à l'adresse mail ci-dessus, Je vous renverrai ce contenu exclusif.

> Je vous invite également à me contacter sur cette adresse pour me faire part de vos plus grandes difficultés rencontrées lors de vos prises de parole.

Je serai ravi d'échanger avec vous !

Conclusion et présentation de l'auteur

Âgé de 33 ans, heureux père de famille, fondateur de la société Voice2Success et ayant travaillé de nombreuses années chez différents éditeurs de logiciels et industriels, mon métier a toujours été orienté vers la présentation et les démonstrations des offres. Cette carrière professionnelle est survenue naturellement du fait de ma formation en commerce et techniques de vente, couplée à des années de théâtre qui m'ont donné une aisance orale naturelle. À noter que cela n'a pas toujours été le cas, car j'étais particulièrement timide lors de mon enfance.

Pour se démarquer des concurrents, il faut faire preuve d'audace et j'ai toujours cherché à travailler mes techniques de démonstration. Une recherche sur le monde qui nous entoure, l'utilisation de techniques de théâtre, la prise en main de nouvelles technologies et l'inspiration des autres présentateurs permettent d'apprendre tous les jours et découvrir de nouveaux axes de progression.

Passionné depuis toujours par les relations humaines et à l'aise à l'oral, j'ai à cœur de partager ce savoir que j'éprouve et que je valide sur le terrain au quotidien. Le présent recueil est, à mes yeux, une transmission importante car j'ai trop souvent pu voir des personnes pleines de bonne volonté rater leurs présentations pour des points de détails... Il est tellement bon de voir une présentation réussie !

Dans cette optique, j'ai fondé la société Voice2Success pour apporter à chacun un accompagnement efficace et personnalisé vers le succès.

Chacun des conseils de cet ouvrage fait partie d'un long travail de préparation et de construction de chacune de mes démonstrations. J'espère que vous saurez utiliser tous ou certains de ces points pour améliorer vos performances. Rassurez-vous, vous n'avez pas besoin de maîtriser chacun d'eux, gardez surtout en tête la démarche, analysez en temps réel votre présentation. Si vous arrivez à ce point, j'aurai alors réussi mon travail !

J'espère que mon premier livre saura vous aider dans votre vie de tous les jours, aussi bien professionnelle que personnelle !

Bonnes présentations !

www.voice2success.com

Notes

Remerciements

Je tiens particulièrement à remercier les personnes de mon entourage qui m'ont accompagné pour rendre cette publication possible :

Mon père, ma compagne, Jonathan et Fanny pour leur relecture ;
Fanny pour la conception graphique et la mise en page ;

Et surtout vous, chers lecteurs, que je remercie du fond du cœur !